Chinês Mandarim
em 30 dias

Chinês Mandarim
em 30 dias

De-an Wu Swihart

martins fontes
selo martins

© 2016, Martins Editora Livraria Ltda., São Paulo, para a presente edição.
© 2007 by Apa Publications/Berlitz Publishing. Originally published by Cheng & Tsui Company, Inc., Boston, MA., U.S.A. This abridged edition published by arrangement with Cheng & Tsui Company. All rights reserved by Cheng & Tsui Company, Inc.

Berlitz Trademark Reg. U. S. Patent Office and other countries. Marca Registrada.
Used under licence.

Todos os direitos reservados. É proibido reproduzir esta obra sem autorização prévia, ainda que parcialmente; é proibido copiá-la ou retransmiti-la por qualquer meio, seja eletrônico, mecânico (fotocópia, microfilme, registro sonoro ou visual, banco de dados ou qualquer outro sistema de reprodução ou transmissão).

Publisher	Evandro Mendonça Martins Fontes
Coordenação editorial	Vanessa Faleck
Produção editorial	Susana Leal
Capa	Douglas Yoshida
Tradução	Verena Veludo Papacidero
Preparação	Lucas Torrisi
Revisão	Renata Sangeon
	Julio de Mattos

Dados Internacionais de Catalogação na Publicação (CIP)
(Câmara Brasileira do Livro, SP, Brasil)

Swihart, De-an Wu
  Chinês mandarim em 30 dias / De-an Wu Swihart. – [tradução Verena Veludo Papacidero]. São Paulo : Martins Fontes - selo Martins, 2016.

  Título original: Mandarin Chinese in 30 days : Course Book.
  Inclui CD
  ISBN 978-85-8063-279-8

  1. Chinês - Estudo e ensino 2. Chinês - Vocabulário - Português 3. Chinês - Vocabulários e manuais de conversação Português I. Título.

16-04087	CDD-495.682469

Índices para catálogo sistemático:
1. Chinês para brasileiros : Português 495.1

Todos os direitos desta edição reservados à
Martins Editora Livraria Ltda.
Av. Dr. Arnaldo, 2076
01255-000 São Paulo SP Brasil
Tel.: (11) 3116 0000
info@emartinsfontes.com.br
www.emartinsfontes.com.br

Sumário

Introdução   x

Lições 1–3   Pīnyīn
拼音 Pīnyīn

Lição 1: Parte A   1
O sistema *pīnyīn* ▪ iniciais ▪ finais ▪ variações na escrita ▪ tons ▪ tom neutro ▪ variações tonais ▪ separação de sílabas

Lição 2: Parte B   13
Exercícios de pronúncia

Lição 3: Parte C   16
Exercícios; País e cultura: sistemas fonéticos

Lições 4–6   Contando
数数 Shǔshù

Lição 4: Parte A   19
Vocabulário; Trava-língua com números

Lição 5: Parte B   24
Gramática: o advérbio 也 **yě** (também) ▪ frases com o verbo 是 **shì** (ser) ▪ pergunta afirmativa-negativa com 是不是 **shì búshì** (é ou não é?)

Prática gramatical; Notas de pronúncia; Exercícios de pronúncia; País e cultura: usando o ábaco

Lição 6: Parte C   38
Exercícios; País e cultura: os números na moeda chinesa ▪ algumas superstições chinesas sobre números

Lições 7–9 — Dinheiro 钱 Qián

Lição 7: Parte A — 43
Vocabulário; Diálogo

Lição 8: Parte B — 51
Gramática: o pronome interrogativo 多少 **duōshao** (quantos, quanto custa) ▪ a partícula interrogativa 呢 **ne** ▪ 二 **èr** (dois) e 两 **liǎng** (dois) ▪ 在 **zài** (em) + lugar ▪ o pronome interrogativo 哪儿 **nǎr** (onde).

Prática gramatical; Nota de pronúncia; Exercícios de pronúncia

Lição 9: Parte C — 62
Exercícios; País e cultura: a moeda chinesa ▪ câmbio de moedas na China

Lições 10–12 — Na cantina 食堂 Shítáng

Lição 10: Parte A — 66
Vocabulário; Diálogo

Lição 11: Parte B — 73
Gramática: a partícula interrogativa 么 **ma** ▪ o pronome interrogativo 什么 **shénme** (o que) ▪ a partícula 了 **le** ▪ o advérbio 都 **dōu** ▪ pergunta afirmativa-negativa (com qualquer verbo)

Prática gramatical; Nota de pronúncia; Exercícios de pronúncia

Lição 12: Parte C — 85
Exercícios; País e cultura: formas de tratamento para garçom e garçonete ▪ **shítáng** 食堂 (cantina) ▪ banquetes e jantares de família

Lições 13–15	**No restaurante** 饭馆 Fànguǎn

Lição 13: Parte A — 91
Vocabulário; Diálogo

Lição 14: Parte B — 100
Gramática: o advérbio (一) 点儿 **(yì) diǎnr** ▪ frases com sujeito oculto ▪ o advérbio 一共 **yígòng**

Prática gramatical; Nota de pronúncia; Exercícios de pronúncia

Lição 15: Parte C — 111
Exercícios; País e cultura: gorjetas (小费 **xiǎofèi**) ▪ tipos de comida na China

Lições 16–18	*Chamadas telefônicas* 电话 Diànhuà

Lição 16: Parte A — 116
Vocabulário; Diálogo; País e cultura: cartões telefônicos

Lição 17: Parte B — 128
Gramática: o pronome interrogativo 怎么 **zěnme** (como) ▪ a preposição 给 **gěi** (para) ▪ 先 **xiān** … 再 **zài** … (primeiro... depois...) ▪ 太 **tài** … 了 **le** (muito, excessivamente, extremamente...) ▪ a partícula 的 **de** ▪ verbo 在 **zài** (estar) ▪ 您贵姓? **Nín guì xìng?** (Qual é o seu sobrenome?) ▪ 姓 **xìng** (sobrenomear, sobrenome)

Prática gramatical; Nota de pronúncia; Exercícios de pronúncia

Lição 18: Parte C — 144
Exercícios; País e cultura: nomes chineses ▪ telefones públicos

Lições 19–21 — **No hotel**
在宾馆 *Zài bīnguǎn*

Lição 19: Parte A — 149
Vocabulário; Diálogo

Lição 20: Parte B — 157
Gramática: classificadores 条 **tiáo** (objetos longos e finos) e 块 **kuài** (pedaço) ▪ complementos de direção simples 去 **qù** (para longe)/来 **lái** (para perto) ▪ o advérbio 一会儿 **yí huìr** (um momento) ▪ os verbos auxiliares 能 **néng** (ser capaz de) e 可以 **kěyǐ** (poder) ▪ a partícula 了 **le**: uma nova situação

Prática gramatical; Nota de pronúncia; Exercícios de pronúncia

Lição 21: Parte C — 172
Exercícios; País e cultura: categorias de hotéis ▪ verificação do quarto na saída do hotel (check-out)

Lições 22–24 — **Pergunte as direções**
问路 *Wèn lù*

Lição 22: Parte A — 176
Vocabulário; Diálogo

Lição 23: Parte B — 184
Gramática: 在 **zài** (ficar em) ▪ frases com sujeito omitido ▪ vire à direita/vire à esquerda ▪ 在 **zài**, 有 **yǒu** e 是 **shì** (indicando a localização)

Prática gramatical; Nota de pronúncia; Exercícios de pronúncia

Lição 24: Parte C — 198
Exercícios; País e cultura: distritos municipais ▪ nomes de ruas e direções

Lições 25–27	**Que horas são?** 几点? Jǐ diǎn

Lição 25: Parte A — 203
Vocabulário; Diálogo

Lição 26: Parte B — 212
Gramática: os advérbios de tempo nas frases ▪ 是 **shì** em expressões de tempo ▪ locuções de verbo-objeto como verbos intransitivos ▪ antes/depois ▪ frequentemente/às vezes

Prática gramatical; Nota de pronúncia; Exercícios de pronúncia

Lição 27: Parte C — 226
Exercícios; País e cultura: sistema de 12 horas e 24 horas ▪ horários de funcionamento de lojas, restaurantes e órgãos governamentais

Lições 28–30	**Calendário** 日历 Rìlì

Lição 28: Parte A — 231
Vocabulário; Diálogo

Lição 29: Parte B — 243
Gramática: os dias da semana ▪ descrição do tempo ▪ classificadores em datas ▪ meses ▪ sequência ano, mês, dia ▪ frases com 是 **shì** … 的 **de** ▪ como dizer o ano

Prática gramatical; Nota de pronúncia; Exercícios de pronúncia

Lição 30: Parte C — 256
Exercícios; País e cultura: calendário chinês ▪ horóscopo chinês (生肖 **shēngxiāo**) ▪ festivais tradicionais da China

Respostas	264
Vocabulário	279

Introdução

Chinês mandarim em 30 dias é um curso autodidático que, em pouco tempo, permitirá que você tenha um conhecimento básico do idioma mandarim. Este livro foi produzido para ensinar chinês passo a passo, em progressão lógica. A linguagem e os tópicos deste livro permitem adequada contextualização, com situações reais para lhe ajudar a aprender rapidamente o que é realmente necessário. Em trinta lições, você terá uma compreensão ativa e passiva do funcionamento da língua, além de conhecer o dia a dia da vida na China.

O CD de áudio contém vocabulário, diálogos e exercícios. Quando você ver o ícone 💿, significa que você deve escutar o CD para ouvir a pronúncia das palavras, um diálogo ou praticar com exercícios interativos de compreensão auditiva. Cada lição tem sua própria faixa, então você pode localizar-se facilmente no CD e voltar às lições anteriores para revisar.

As trinta lições estão agrupadas em dez tópicos; cada tópico está dividido em três partes e contém temas relacionados à vida cotidiana. As lições são numeradas de 1 a 30, mas também são identificadas por *Parte A, Parte B* e *Parte C*, para que você possa facilmente reconhecer qual aspecto do tópico está estudando.

Parte A

A primeira lição de cada tópico ensina o vocabulário necessário para se comunicar sobre aquele tema. Todas as palavras na lista do vocabulário estão presentes no áudio, então você pode escutar enquanto aprende e praticar com o áudio posteriormente. As lições de vocabulário terminam com um ou dois diálogos curtos, que demonstram o vocabulário aplicado ao contexto, além de adiantar a gramática que você vai aprender na lição seguinte.

Parte B

A próxima lição foca na gramática. Antes de iniciar com os materiais da lição, dedique alguns minutos para revisar o vocabulário aprendido na Parte A e ler novamente os diálogos. Essa revisão rápida vai ajudar você a aprender de forma eficaz e memorizar o que já foi estudado.

Parte C

A terceira lição de cada tópico conta com exercícios de revisão e informações sobre a cultura e os costumes chineses. Antes de iniciar a Parte C, revise tanto o vocabulário quanto a gramática que você aprendeu nas duas lições anteriores. Releia os diálogos escutando o CD para praticar a sua pronúncia e certifique-se de que você compreendeu os pontos gramaticais. Assim, siga adiante para os exercícios de escrita e áudio da Parte C.

Finalizando os exercícios e conferindo as respostas desta última parte, você completa o tópico. O próximo capítulo se inicia com um novo tópico, novamente intitulado como "Parte A", para indicar que inclui novos vocabulários e diálogos.

O mandarim

Muitos programas de televisão na China possuem legendas em ideogramas. Por quê? A China tem muitos dialetos regionais, e a pronúncia pode diferir tanto quanto o italiano difere do português, mas os ideogramas são os mesmos em toda a China e onde a língua chinesa é usada. Por muitos séculos, na China imperial, o mandarim era o dialeto oficial (**Guānhuà** 官话) e era utilizado pelas autoridades chinesas. Em 1919, o governo oficializou o mandarim como a "língua nacional" (**Guóyǔ** 国语), utilizando o dialeto de Pequim como padrão de pronúncia, e o vernáculo do dialeto do Norte como padrão do vocabulário e da gramática. Desde a fundação da República Popular da China, em 1949, o mandarim é referido como a "língua comum" (**Pǔtōnghuà** 普通话); Taiwan continuou usando o nome "Guóyǔ".
Atualmente, o mandarim é a língua padrão e oficial da China. É usada nos meios de comunicação, além de ser falada em quarenta províncias e por 73% da população chinesa. É a língua que você vai aprender neste livro.

Na China, existem sete dialetos principais, e cada um deles é original de uma ou duas províncias do sudeste da China. São eles:

O dialeto do Norte

O dialeto do Norte (Běifāng fāngyán 北方方言), falado por 73% dos chineses, está presente em muitas províncias, incluindo Hénán, Shāndōng, Shānxī, Shǎnxī, Yúnnán, Guìzhou, Sìchuān, Ānhuī, Húběi e o norte de Jiāngsū.

O dialeto Wú

O dialeto wú 吴, falado por 8% dos chineses, é comum nos arredores de Jiāngsū e Shànghǎi. Wú é o nome antigo da província de Jiāngsū.

O dialeto Xiāng

O dialeto Xiāng 湘, falado por 5% dos chineses, está presente na província de Húnán e seus arredores. Xiāng é o nome antigo da província de Húnán.

O dialeto Yuè

O dialeto Yuè 粤, ou cantonês (Guǎngdōnghuà 广东话), é falado por 5% dos chineses e está presente em Guǎngdōng, Hong Kong, Macau e Singapura. Muitos chineses que vivem em outros países ao redor do mundo falam este dialeto.

O dialeto Hakka

O dialeto Hakka (Kèjiāhuà 客家话), falado por 4,3% dos chineses, está presente em Guǎngxī, Fújiàn, Singapura e Taiwan.

O dialeto Gàn

O dialeto Gàn 赣 (Jiāngxīhuà 江西话) falado por 1,7% dos chineses, está presente em Jiāngxī e seus arredores. Gàn é o nome antigo da província de Jiāngxī.

O dialeto Mǐn

O dialeto Mǐn 闽 é subdividido em Mǐn do Sul e Mǐn do Norte. Dois por cento dos chineses falam o Mǐn do Sul; eles ficam ao sul da província de Fújiàn, concentrados ao redor de Xiàmén, além de Taiwan e Singapura. É chamado "Mǐnnánhuà 闽南话" ou "Xiàménhuà 厦门话". Um por cento dos chineses fala o Mǐn do Norte; eles ficam ao norte de Fújiàn, ao redor da capital Fúzhōu.

Pīnyīn: Parte A

LIÇÃO 1

O sistema pīnyīn

O *pīnyīn* é a transcrição fonética do mandarim com o alfabeto latino, com base no sistema padrão nacional de pronúncia. Foi oficialmente adotado pelo governo chinês em 1958 visando ajudar falantes de outros dialetos a aprender a pronúncia padrão. Também se tornou o principal sistema de romanização fora da China. Atualmente, o *pīnyīn* é muito utilizado em sinais de trânsito e de comércio, títulos de livros, assim como em livros, revistas e jornais voltados para praticantes que não sejam nativos da China. O *pīnyīn* também é usado para inserir os ideogramas do mandarim em programas de edição de texto no computador. Além disso, vai ajudar os falantes de português a pronunciar qualquer ideograma chinês.

A sílaba do *pīnyīn* possui três componentes: a inicial, a final e uma marca tonal, que indica o nível do tom. Existem 21 iniciais, 38 finais e quatro tons.

O *pīnyīn* utiliza todas as letras do alfabeto do português (com exceção do "v") para formar o alfabeto fonético. Neste livro, utilizamos o português como referência para aprender *pīnyīn*, mas tendo em vista que os sons são ligeiramente diferentes do português, pois o *pīnyīn* não foi estruturado especificamente para os falantes dessa língua.

Iniciais

As iniciais são similares às consoantes do português, mas com a diferença de que as consoantes do português podem aparecer em qualquer posição de uma palavra, e não apenas no início. As iniciais são posicionadas no começo de uma sílaba. Elas podem ser divididas em seis grupos com base nas suas características fonéticas. ▶

b, p, m, f (bilabiais)

São pronunciadas usando os lábios, como no português.

b-   p-   m-   f-

d, t, n, l (dentais)

São pronunciadas com a ponta da língua tocando ou aproximando-se a parte de trás dos dentes superiores, também como no português.

d-   t-   n-   l-

Atenção: as iniciais "b", "p", "d", "t", "b" e "d" não são aspiradas, ou seja, ao pronunciá-las, não deve sair ar da boca. Já as iniciais "p" e "t" são aspiradas, e ao pronunciá-las deve sair ar da boca. Você pode fazer um teste colocando uma folha de papel em frente à sua boca: ao pronunciar "b" e "d", o papel não pode balançar; mas ao pronunciar "p" e "t", o papel deve balançar.

g, k, h (velares)

São pronunciadas com a garganta. As iniciais "g" e "k" são similares aos sons do português (como "g" em "gato" e "c" em "casa"), mas a inicial "h" é mais gutural ou aspirada, com som parecido ao de "r" em "rato"

g-   k-   h-

j, q, x (alveopalatal)

São pronunciadas com a ponta da língua tocando diretamente a parte de trás dos dentes inferiores. A superfície central da língua se curva levemente tocando o palato duro (parte do céu da boca logo atrás dos dentes superiores). Os lábios devem estar estreitos e separados, como em um sorriso forçado.

Pīnyīn: Parte A

Alveopalatal	Pronúncia	Exemplo
j-	dji (como no sotaque paulista)	dia, ditado
q-	tchi (como no sotaque paulista)	tia, tiara
x-	xi	xícara, xis

z, c, s (alveolares)

São pronunciadas com a ponta da língua tocando ou aproximando-se da base dos dentes inferiores, e a superfície central da língua fica em contato com a parte de trás dos dentes superiores. Atenção para evitar a tendência de alguns falantes do português de pronunciar "c" incorretamente como "c" em cebola ou como "c" em "casa".

Alveolar	Pronúncia	Exemplo
z-	dz	*Dzarm*
c-	ts	*pizza*
s-	si (como em português)	sino

zh, ch, sh, r (retroflexas)

São pronunciadas com a ponta da língua "enrolada" para cima e tocando o céu da boca. A pronúncia da inicial "r" é similar ao som de "r" de "porta" no sotaque caipira do português do Brasil, mas ao pronunciar "r" em mandarim os lábios devem estar menos abertos do que em português. Você sentirá o ar vibrando ao redor de sua língua. O maxilar inferior é puxado ligeiramente para frente.

Retroflexa	Pronúncia	Exemplo
zh-	dj	jeans
ch-	ch	tchau
sh-	sh	Shell
r-	r (sotaque caipira)	porta

Finais

As finais são compostas por até quatro letras. Todas as 38 finais são compostas por seis vogais únicas (a, e, i, o, u, ü), que podem ser combinadas com três finais consonantais (n, ng, r). Todas as finais estão listadas nesta tabela. Muitos sons vocálicos no chinês não possuem equivalentes no português, então fique atento à pronúncia do CD.

Final	Sílaba isolada	Pronúncia	Exemplos
-a	a	a (aberto)	**a**belha
-ai	ai	ai	s**ai**a
-an	an	an (com som de "a" aberto, não nasalizado; ao pronunciar "n", feche a boca)	**an**ta
-ang	ang	am (com som de "a" aberto, não nasalizado; ao pronunciar "n", deve-se abrir a boca e não se deve pronunciar o "g")	am**am**
-ao	ao	ao	c**ao**s
-e	e	a (aberto)	**a**ma (pronuncie "a" aberto, sem nasalizar)
-ei	ei	ei	m**ei**o
-en	en	en (com som de "a" aberto, não nasalizado; ao pronunciar "n", feche a boca)	ba**n**da
-eng		em (com som de "a" aberto, não nasalizado; ao pronunciar "n", deve-se abrir a boca e não se deve pronunciar o "g")	ba**n**da

▶

Final	Sílaba isolada	Pronúncia	Exemplos
-er	er	er (com som de "ê" fechado, não nasalizado, e "r" como no sotaque caipira do português do Brasil)	cercado
-o	o	uo (começa com os lábios juntos; termina com os lábios separados)	vácuo
-ong	ong	om (com som de o, não nasalizado; ao pronunciar "n", deve-se abrir a boca e não se deve pronunciar o "g")	bom
-ou	ou	ou (começa com lábios separados; termina com lábios juntos)	ou

Variações na escrita

Quando i, u, ü são semivogais

Quando as finais i, u, ü (e qualquer composição utilizando i, u, ü, como *ia, uang, üan*) não são precedidas por uma inicial, elas são chamadas de semivogais, o que significa que, na verdade, elas funcionam como iniciais. Nesses casos, as mudanças na escrita são:

mudar "i" para "y" quando "i" estiver na posição inicial;

mudar "u" para "w" quando "u" estiver na posição inicial;

mudar "ü" para "yu" quando "ü" estiver na posição inicial;

▶

mudar "i" para "yi" quando "i" estiver isolado;
mudar "u" para "wu" quando "u" estiver isolado.

Final	Variação na escrita	Som em português
-i	yi	"i" de i**g**reja
-ia	ya	"ia" (em uma única sílaba) como em sér**ia**
-ian	yan	"ien" (em uma única sílaba) como em sorr**iem**. Atenção: esse som se escreve com "a", porém se pronuncia com "e" e não é nasalizado; ao pronunciar "n", lembre-se de fechar a boca
-iang	yang	"iam" (em uma única sílaba) como em sorr**iam**. Atenção: esse som deve ser pronunciado com "a" aberto não nasalizado; ao pronunciar "n", abra bem a boca e não pronuncie "g"
-iao	yao	"iau" (em uma única sílaba), como em m**iau**
-ie	ye	"ie" (em uma única sílaba), como em cár**ie**; "i" é mais curto e suave do que "e"
-in	yin	"in", como em t**in**ta (o som de "i" é forte e não nasalizado; ao pronunciar "n", feche a boca)
-ing	ying	"im", como em s**im** (o som de "i" é forte e não nasalizado; ao pronunciar "n", deve-se abrir a boca, e não se deve pronunciar o "g")

Final	Variação na escrita	Som em português
-iong	**yong**	"iom" (em uma sílaba única), como em **íon**, porém com som de "o" mais forte do que o de "i" (nesse caso sem acento); ao pronunciar "n", abra bem a boca e não pronuncie "g")
-iu	**you**	"iou" (em uma sílaba única)
-u	**wu**	"u", como em **u**va
-ua	**wa**	"ua" (em uma sílaba única), como em árd**ua**
-uai	**wai**	"uai" (em uma sílaba única) como em Urug**uai**
-uan	**wan**	"uan", como em jej**uam** (com som de "a" aberto, não nasalizado; ao pronunciar "n", feche a boca)
-uang	**wang**	"uam", como em jej**uam** (com som de "a" aberto, não nasalizado; porém, ao pronunciar "n", abra bem a boca e não pronuncie "g")
-ueng	**weng**	"uem", como em jej**uem** (com som de "e" fechado, não nasalizado; ao pronunciar "n", abra bem a boca e não pronuncie "g")
-ui	**wei**	"uei" (em uma sílaba única), como em jej**uei**
-un	**wen**	"uen", como em jejuem (com som de "e" fechado, não nasalizado; ao pronunciar "n", feche a boca)

Final	Variação na escrita	Som em português
-uo	wo	"uo" (em uma sílaba única), como em árd**uo**
-ü	yu	sem equivalentes em português; para pronunciar "ü", arredonde os lábios como se fosse pronunciar "u", mas pronuncie "i"
-üan	yuan	sem equivalentes em português; para pronunciar "üan", arredonde os lábios como se fosse pronunciar "u", mas pronuncie "i" e, em seguida, pronuncie "en", lembrando que se deve fechar a boca ao pronunciar "n"
-üe	yue	sem equivalentes em português; para pronunciar "üe", arredonde os lábios como se fosse pronunciar "u", mas pronuncie "i" e, em seguida, pronuncie "e" fechado
-ün	yun	sem equivalentes em português; para pronunciar "ün", arredonde os lábios como se fosse pronunciar "u", mas pronuncie "i" e, em seguida, pronuncie "n" fechando a boca

Variações na escrita com o final ü

Quando ü seguir j-, q- ou x- em uma sílaba, ele é alterado para u, conforme os seguintes exemplos:

jü → juan	jue	jun
qü → quan	que	qun
xü → xuan	xue	xun

Tons

Em mandarim, cada sílaba tem um tom. Na língua falada, ao mudarmos o tom de uma sílaba, também mudamos o seu significado. Por exemplo, "qu" no terceiro tom significa "casar-se com uma mulher", mas "qu" no quarto tom significa "ir".

O diagrama abaixo ilustra cada um dos quatro tons:

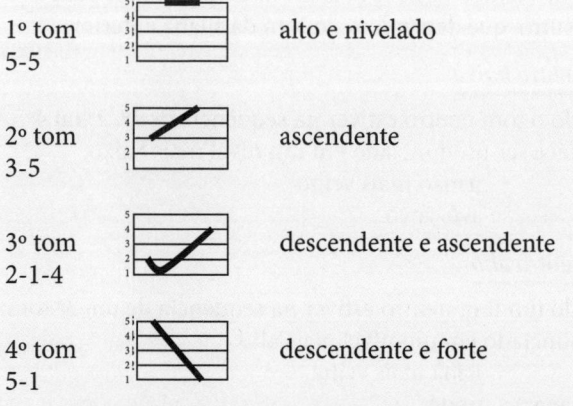

1º tom
5-5
alto e nivelado

2º tom
3-5
ascendente

3º tom
2-1-4
descendente e ascendente

4º tom
5-1
descendente e forte

No sistema *pīnyīn*, a marcação do tom é escrita sobre a vogal. Se em uma final houver duas vogais, o acento do tom é posicionado sobre a primeira vogal, exceto quando for "i", "u", ou "ü". Nesses casos, a marcação do tom é escrita sobre a segunda vogal. Exemplos: *liù, duì, yuán*. Os ideogramas não são escritos com os acentos do tom.

Lição 1 — Pīnyīn: Parte A

 Você pode ouvir no CD os quatro diferentes tons de "ma".

mā	má	mǎ	mà
妈 *mãe*	麻 *cânhamo*	马 *cavalo*	骂 *xingar*

Tom neutro

Em mandarim também há um tom neutro, que não possui marcação tonal e é átono. O tom neutro sempre aparece após uma sílaba com tom e nunca inicia uma palavra ou frase:

tāde   dele (1º tom seguido por um tom neutro)
tāmende deles (1º tom seguido por dois tons neutros)

O tom neutro é mais curto e mais leve do que as sílabas com tom. Entretanto, existem dois níveis de pronúncia para o tom neutro, que dependem do tom da sílaba anterior:

Tom neutro baixo

Quando o tom neutro estiver na sequência de 1º, 2º ou 4º tom, deve ser pronunciado em um nível mais baixo:
gēge   irmão mais velho
yéye   avô/vovô

Tom neutro alto

Quando um tom neutro estiver na sequência de um 3º tom, é pronunciado em um nível mais alto
jiějie   irmã mais velha
wǎnshang noite

Variações tonais

Yī (um), **qī** (sete), **bā** (oito), **bù** (não) podem assumir diferentes tons. Tenha em mente que:

1. **Yī** pode assumir três tons diferentes: 1º (quando usado sozinho), 2º (quando vier antes de sílaba em 4º tom) ou 4º (quando estiver antes de sílabas em 1º, 2º ou 3º tom).
2. **Qī** e **bā**, cada um, podem assumir dois tons: o 1º ou o 2º tom (quando sucedidos por uma sílaba de 4º tom).
3. 不 **bù** (não) é em 4º tom, mas assume o 2º tom quando sucedido por uma sílaba em 4º tom.

3+3 → 2+3

Se um 3º tom suceder outro 3º tom, o primeiro 3º tom é pronunciado como 2º tom, mas a marcação do tom na escrita não muda:
nǐ hǎo → **ní hǎo**   Oi! Olá!
hěn měi → **hén měi**   Muito bonito

Meio-3º tom

Quando o 3º tom for sucedido pelo 1º, 2º ou 4º tom, o 3º tom é pronunciado como meio-3º tom (que é apenas descendente, e não ascendente), porém a marcação tonal não se altera:
měitiān   todo dia
Měiguó   Estados Unidos da América
mǎipiào   comprar um tíquete

Separação de sílabas

Quando uma sílaba começando com "a", "o" ou "e" é precedida por outra sílaba, para não haver confusão sobre a divisão das sílabas, utiliza-se uma apóstrofe (') antes da segunda sílaba.

Por exemplo: **Xī'ān** (西安 nome de uma cidade)

não deve ser
confundido com: **xiān** (先 primeiro)

Cada um dos três componentes de uma sílaba em mandarim – inicial, final e marca tonal – é importante. A pronúncia incorreta de qualquer componente pode resultar em um equívoco. Fique atento aos tons de cada sílaba e pratique-os agora, no começo de seus estudos. Fazendo isso, você terá uma base sólida para se comunicar efetivamente em mandarim.

Pīnyīn: Part B

LIÇÃO 2

Exercícios de pronúncia

🔊 Leia as sílabas abaixo em voz alta, tomando cuidado para pronunciar os tons corretamente. Utilize o CD para conferir a sua pronúncia.

a. Os quatro tons de "yi", na ordem dos tons e na ordem reversa

yī yí yǐ yì   yì yǐ yí yī

b. Os quatro tons de "er"

ér ěr (ēr) èr   ěr èr ér (ēr)

c. "sān" vs. "sǎn"

sān sǎn sǎn sān   sǎn sān sān sǎn

d. sī vs. sì:

sī sì sì sī   sì sī sī sì

e. wǔ vs. wù

wǔ wù wǔ wù   wù wǔ wù wǔ

f. liù vs. liú:

liù liú liù liú   liú liù liú liù

g. qī vs. qǐ

qī qǐ qǐ qī   qǐ qī qī qǐ

Lição 2 — Pīnyīn: Parte B

🔊 Leia em voz alta estes sobrenomes comuns na China. Utilize o CD para conferir a sua pronúncia. Você também ouvirá os números antes de cada nome. De todo modo, você irá aprendê-los detalhadamente mais tarde.

1) Chén   7) Jiǎ   13) Liú   19) Xiè
2) Dèng   8) Jīn   14) Mèng   20) Yáng
3) Féng   9) Kǒng   15) Shěn   21) Zhāng
4) Gāo   10) Lǐ   16) Sūn   22) Zhào
5) Guō   11) Liáng   17) Tián   23) Zhèng
6) Huáng   12) Lín   18) Wú   24) Zhōu

🔊 Leia as palavras abaixo em voz alta, prestando especial atenção aos tons. Utilize o CD para conferir a sua pronúncia.

1+1:

fēijī (avião)   shāfā (sofá)   shūbāo (mochila)   Xiāngshān (Montanha Perfumada)   huāshēng (amendoim)

1+1+1:

Zhījiāgē (Chicago)

2+2:

Chángchéng (Grande Muralha)   shítáng (cantina)   yínháng (banco)   yóutiáo (baguete frita)   Huánghé (rio Amarelo)

2+2+2

Yíhéyuán (Palácio de Verão)

4+4:

fàndiàn (hotel)   sùshè (dormitório)   diànhuà (telefone)   bàogào (relatório)   zàijiàn (tchau)

4+4+4:

diànshìjù (novela)

Pīnyīn: Parte B   Lição 2

🔊 Cada item a seguir possui um som inicial e um final que se combinam para formar palavras. Leia os sons iniciais e finais separadamente e depois leia a palavra completa. Confira sua pronúncia no áudio.

Grupo A	Grupo B	Grupo C
w -àn	zh -āng	ch -én
j -iāng	l -ín	x -iè
m -èng	d -ù	f -āng

🔊 Leia as palavras e frases a seguir em voz alta. Cada uma possui um tom neutro alto e um tom neutro baixo. Fique atento às diferenças entre os tons neutros alto e baixo. Utilize o CD para conferir sua pronúncia.

Tom neutro baixo

1) māma (mãe)
2) shūshu (tio paterno mais novo)
3) gēge (irmão mais velho)
4) jīnzi (ouro)
5) xiānsheng (senhor)
6) yéye (avô/vovô)
7) bóbo (tio paterno mais velho)
8) háizi (criança)
9) yínzi (prata)
10) shénme (o que)
11) dìdi (irmão mais novo)
12) kàn le (ver, no passado)
13) bàba (pai)
14) xièxie (obrigado)
15) mèimei (irmã mais nova)

Tom neutro alto

16) nǎinai (avó/vovó)
17) jiějie (irmã mais velha)
18) zuǒ zhe (andando)
19) wǒde (meu)
20) nǐde (seu)

LIÇÃO 3

Pīnyīn: Part C

Exercício 1

🔊 Escute os nomes dos países e escreva em *pīnyīn* com os tons. Fique atento aos sons "j", "q", "x", "zh", "ch", "sh" e "r".

1) China_____

2) Hong Kong _____

3) Singapura _____

4) Suécia_____

5) Coreia _____

6) Japão _____

7) Suíça _____

8) Canadá _____

9) Espanha_____

10) Escócia_____

Exercício 2

🔊 Escute os nomes das cidades e coloque os tons sobre a vogal correta em cada palavra.

1) Xi'an	10) Zhengzhou	19) Guiyang
2) Wuhan	11) Hefei	20) Nanning
3) Nanjing	12) Nanchang	21) Lanzhou
4) Guilin	13) Changsha	22) Xining
5) Chengdou	14) Hangzhou	23) Lasa (Lhasa)
6) Changchun	15) Taiyuan	24) Yinchuag
7) Wulumuqi	16) Fuzhou	25) Shenzen
8) Shenyang	17) Guangzhou	26) Suzhou
9) Shijiazhuang	18) Kunming	

Pīnyīn: Parte C — Lição 3

Exercício 3

🔊 Leia os nomes das províncias da China em voz alta, prestando atenção especial aos tons. Utilize o CD para conferir sua pronúncia.

1) Héběi
2) Hénán
3) Shānxī*
4) Shǎnxī**
5) Hēilóngjiāng
6) Jílín
7) Shāndōng
8) Liáoníng
9) Jiāngsū
10) Níngxià
11) Gānsū
12) Qīnghǎi
13) Xīnjiāng
14) Sìchuān
15) Ānhuī
16) Húběi
17) Húnán
18) Zhéjiāng
19) Jiāngxī
20) Guìzhōu
21) Fújiàn
22) Yúnnán
23) Guǎndōng
24) Guǎngxī
25) Xīzàng
26) Nèiménggu
27) Běijīng
28) Shànghǎi
29) Tiājīn
30) Chóngqìng

*Às vezes traduzido como "Shanxi".
**Às vezes traduzido como "Shaanxi".

Exercício 4

Altere as palavras a seguir, corrigindo a escrita de "i", "u" e "ü" como semivogais no começo de cada sílaba.

1) īngguó (Inglaterra)
2) iángzhōu (uma cidade)
3) Mr. Uang
4) uǒ (eu)
5) üènán (Vietnã)
6) iě (também)
7) xüéxí (estudar)
8) uèi (oi)
9) ī (um)
10) üán (¥ 1.00)
11) iǒu (ter)
12) īn-iáng (os dois princípios opostos da natureza)

Exercício 5

Sublinhe o som inicial de cada sílaba nas palavras a seguir.

1) Yǒuyì Shāngdiàn (Loja da Amizade)
2) Hǎidiàn (distrito de Pequim)
3) Gùgōng (Cidade Proibida)

4) Tiānānmén (Praça da Paz Celestial, Pequim)
5) Tiāntán (Templo do Céu)
6) Hóngqiáo Shìchǎng (Mercado de Pérolas, Pequim)
7) Xiùshuǐ Dōngjiē (Mercado da Seda, Pequim)
8) Yíhéyuán (Palácio de Verão)
9) Chángchéng (Grande Muralha)
10) Shísānlíng (Tumbas da Dinastia Ming)
11) dàshǐguǎn (embaixada)
12) Pānjiāyuán (Mercado de Antiguidades, Pequim)

Sistemas fonéticos

Além do *pīnyīn*, existem outros dois sistemas fonéticos chineses ainda usados atualmente.

Sistema Wade-Giles

O sistema Wade-Giles é outro sistema fonético de romanização da língua chinesa. Foi criado por Thomas F. Wade, que trabalhou na embaixada do Reino Unido na China e em Hong Kong entre 1841 e 1875. Em 1867, ele idealizou e publicou um livro de pronúncia usando o alfabeto latino. Posteriormente, outro diplomata britânico, Herbert A. Giles, modificou o método. O Wade-Giles era o sistema de romanização padrão da pronúncia das palavras da língua chinesa até 1978, quando a Organização das Nações Unidas adotou o *pīnyīn* como padrão.

Bopomofo – Alfabeto Fonético Nacional da China (CNPA)

O Alfabeto Fonético Nacional da China (CNPA), mais conhecido por *bopomofo*, é composto por 39 símbolos fonéticos extraídos de ideogramas antigos do chinês. Foi inicialmente lançado em 1913 e adotado pela Secretaria de Educação da China em 1918. Foi usado na China até 1958, quando foi substituído pelo *pīnyīn*, mas ainda é usado em Taiwan.

Contando: Parte A

LIÇÃO 4

🔘 *Vocabulário I* • 生词一

Ideogramas	*Pīnyīn*	*Português*
数	shǔ	contar
数	shù	número
你	nǐ	você
也	yě	também
我	wǒ	eu
一	yī	um
二	èr	dois
三	sān	três
四	sì	quatro
五	wǔ	cinco
加	jiā	adicionar, somar
六	liù	seis
七	qī	sete
八	bā	oito
九	jiǔ	nove
十	shí	dez
是	shì	verbo ser; sim, correto, certo

🔵 Trava-língua com números I

你也数，我也数，
Nǐ yě shǔ, wǒ yě shǔ,

一二三四五。
yī, èr, sān, sì, wǔ.

你也加，我也加，
Nǐ yě jiā, wǒ yě jiā,

四五六七八。
sì, wǔ, liù, qī, bā.

九是四加五。
Jiǔ shì sì jiā wǔ.

十是二加八。
Shí shì èr jiā bā

Tradução do trava-língua com números I

Você conta, e eu conto também:
um, dois, três, quatro, cinco.
Você soma, e eu somo também:
quatro, cinco, seis, sete, oito.
Nove é quatro mais cinco.
Dez é dois mais oito.

Vocabulário II · 生词二

Ideogramas	Pīnyīn	Português
一百	yìbǎi	cem
百	bǎi	centena
零 (0)	líng	zero
是不是	shì búshì	É ou não é?
不是	búshì	Não é.
不	bù	não
千	qiān	mil
万	wàn	dez mil
亿	yì	bilhão (cem milhões)

🔊 Trava-língua com números II

Este é mais um trava-língua com números, que ajudará você a praticar sons mais difíceis como "s" e "sh" nas palavras **"sì"**, **"shí" e "shì"**. Quando você fala **"sì"**, sua língua deve ficar reta e tocar os dentes de baixo. Quando você fala **"shí"** e **"shì"**, sua língua deve se curvar para cima e tocar o céu da boca (som retroflexo). Quando você fala **"sìshí"**, sua língua deverá estar em baixo e depois levantar-se, mas ao falar **"shísì"**, sua língua deverá estar em cima e depois abaixar-se. Divirta-se!

四是四,
Sì shì sì,

十是十。
Shí shì shí.

十四是十四,
Shísì shì shísì,

四十是四十。
Sìshí shì sìshí.

一百是一零零,是不是?
Yìbǎi shì yī líng líng, shì búshì?

Tradução do trava-língua com números II

Quatro é quatro,
Dez é dez.
Catorze é catorze,
Quarenta é quarenta.
Cem é um-zero-zero, é ou não é?

Quantos cavalos de terracota estão dentro da tumba?
Responda em mandarim!

LIÇÃO 5

Contando: Parte B

O advérbio 也 yě (também)

也 **yě** é um advérbio que funciona como ligação e deve vir entre o sujeito e o verbo principal em uma frase.

你也数，我也数　　Você conta, e eu conto também.
Nǐ yě shǔ, wǒ yě shǔ.

你也加，我也加　　Você soma, e eu somo também.
Nǐ yě jiā, wǒ yě jiā.

Frases com o verbo 是 shì (ser)

是 **shì** é um verbo de ligação que geralmente conecta dois substantivos, indicando que esses substantivos, antes e depois de 是, são iguais ou nominativos.

九是四加五　　Nove é quatro mais cinco.
Jiǔ shì sì jiā wǔ.

十是二加八　　Dez é dois mais oito.
Shí shì èr jiā bā.

Especialmente no caso dos números, você pode alterar a ordem da frase sem alterar o significado.

四加五是九　　Quatro mais cinco é nove.
Sì jiā wǔ shì jiǔ.

Contando: Parte B   Lição 5

二加八是十   Dois mais oito é dez.
Èr jiā bā shì shí.

Como todos os verbos da língua chinesa, 是 **shì** não muda, não importa o tempo, o gênero, a pessoa ou a quantidade. A forma negativa de 是 **shì** é 不是 **búshì**.

Pergunta afirmativa-negativa com 是不是 shì búshì (é ou não é?)

是不是 **shì búshì** é uma expressão interrogativa formada pela combinação de 是 **shì** (forma afirmativa) com 不是 **búshì** (forma negativa de 是 **shì**). Essa pergunta afirmativa-negativa também pode ser chamada de pergunta de "sim ou não". A resposta é dada com a forma positiva 是 **shì** (sim) ou com a negativa 不是 **búshì** (não). Por exemplo:

Q: 一百是一零零，是不是？
   Yìbǎi shì yī líng líng, shì búshì?
   Cem é um-zero-zero, é não é?

Resposta positiva: 是   É./Sim.
                            Shì.

Resposta negativa: 不是   Não é./Não.
                            Búshì.

▶

Qualquer verbo pode ser usado em uma pergunta afirmativa-negativa. A resposta deve ser ou a afirmação, ou a negação do verbo utilizado na frase. Por exemplo:

Q: 你数不数数？　　　Você conta ou não conta
　　Nǐ shǔ bù shǔ shù?　　os números?

Resposta positiva:　　数．　Conto./Sim.
　　　　　　　　　　　Shǔ.

Resposta negativa:　　不数　Não conto./Não.
　　　　　　　　　　　Bù shǔ.

Contando até 1.000

Os números de 0 a 10:

0	零	líng	6	六	liù
1	一	yī	7	七	qī
2	二	èr	8	八	bā
3	三	sān	9	九	jiǔ
4	四	sì	10	十	shí
5	五	wǔ			

Conte os números de 0 a 10 em voz alta.

Os números de 11 a 19 seguem o padrão 十 **shí** + 1 a 9:

11	十	+	一	shíyī
12	十	+	二	shí'èr
13	十	+	三	shísān

Conte os números de 11 a 19 em voz alta.

▶

Contando: Parte B — **Lição 5**

Os números de 20 a 99 seguem o padrão 2 a 9 + 十 **shí** + 1 a 9:

21　二　+　十　+　　一　　èrshíyī

34　三　+　十　+　　四　　sānshísì
42　四　+　十　+　　二　　sìshí'èr

<u>Conte os números de 20 a 99 em voz alta.</u>

Os números 101 a 109 seguem o padrão 一百 **yìbǎi** + 零 **líng** + 1 a 9. Esse também é o padrão para 201 a 209, 301 a 309, e assim por diante, até 901 a 909:

101　一百　+　零　+　一　　yìbǎi líng yī
202　二百　+　零　+　二　　èr bǎi líng èr
303　三百　+　零　+　三　　sān bǎi líng sān

<u>Conte os números de 101 a 109 em voz alta.</u>

Se dez suceder cem, você deve falar **yìbǎi yīshí** (110), e não **yìbǎi shí**.

110　一百一十　　　　**yìbǎi yīshí**

Os números entre 110 e 119 seguem o padrão

一百 **yìbǎi** + 一十 **yīshí** + 一 **yī** - 十九 **shíjiǔ**.

111	一百	+ 一十 +	一	yìbǎi yīshí yī
112	一百	+ 一十 +	二	yìbǎi yīshí'èr
113	一百	+ 一十 +	三	yìbǎi yīshí sān
114	一百	+ 一十 +	四	yìbǎi yīshí sì
115	一百	+ 一十 +	五	yìbǎi yīshí wǔ
116	一百	+ 一十 +	六	yìbǎi yīshí liù
117	一百	+ 一十 +	七	yìbǎi yīshí qī

▶

118	一百	+	一十	+	八	yībǎi yīshí bā
119	一百	+	一十	+	九	yībǎi yīshí jiǔ

Conte os números de 110 a 119 em voz alta.

Os números entre 120 e 199 seguem o padrão 一百 **yìbǎi** +2 a 9 十 **shí** + 1 a 9:

120	一百	+	二十			yìbǎi èrshí
121	一百	+	二十	+	一	yìbǎi èrshí yī
122	一百	+	二十	+	二	yìbǎi èrshí èr

Conte as dezenas de 120 a 190 e depois conte de 190 a 199.

Os números entre 210 e 1.000 seguem o padrão 1 a 9 + 百 **bǎi** + 一十 **yīshí** + 1 a 9:

212	二	+	百	+	一十	+	二	èr bǎi yīshí èr
224	二	+	百	+	二十	+	四	èr bǎi èrshí sì
371	三	+	百	+	七十	+	一	sān bǎi qīshí yī
537	五	+	百	+	三十	+	七	wǔ bǎi sānshí qī
699	六	+	百	+	九十	+	九	liù bǎi jiǔshí jiǔ
862	八	+	百	+	六十	+	二	bā bǎi liùshí èr
749	七	+	百	+	四十	+	七	qī bǎi sìshí qī
999	九	+	百	+	九十	+	九	jiǔ bǎi jiǔshí jiǔ
1000	一	+	千					yìqiān

Diga os números do exemplo em voz alta.

Contando: Parte B — Lição 5

Lendo números grandes

Para ler um número grande, comece da esquerda e leia o número de cada coluna, seguido pelo nome da coluna. Atenção: você não deve ler o nome da coluna unidade, **ge**. Por exemplo, veja abaixo como deve ser lido o número 3.895:

sān qiān	bā bǎi	jiǔshí	wǔ
3	8	9	5
千	百	十	个
qiān	**bǎi**	**shí**	**gè**
1.000 (milhar)	100 (centena)	10 (dezena)	unidade

Tente utilizar essa técnica com os números a seguir:

3.456   9.872   1.030   5.164   8.927

Frases com 是 shì (ser)

Para formar uma frase seguindo esse modelo, substitua o sujeito e o predicado, como no exemplo, com os grupos de palavras abaixo.

Sujeito	*Verbo*	*Predicado*
九	是	四加五
Jiǔ	shì	sì jiā wǔ.
Nove	*é*	*quatro mais cinco*
四加五		九
sì jiā wǔ		jiǔ

▶

29

Sujeito	Verbo	Predicado
二加八 èr jiā bā		十 shí
十 shí		二加八 èr jiā bā
二加一 èr jiā yī		三 sān
五加一 wǔ jiā yī		六 liù
七加四 qī jiā sì		十一 shíyī
我 wǒ		[nome]

Pergunta afirmativa-negativa com 是不是 *shì búshì*

Substitua o sujeito e o predicado no exemplo com os grupos de palavras abaixo e responda à pergunta com a forma positiva ou negativa usando 是 **shì**.

Sujeito	Verbo afirmativo--negativo	Predicado
一百 Yībǎi	是不是 shì búshì	一零零？ yī líng líng?

Cem é um-zero-zero?

Contando: Parte B Lição 5

三加五 Sān jiā wǔ	八 bā
二加二 Èr jiā èr	四 sì
七加九 Qī jiā jiǔ	十六 shíliù
二百加三百 Èr bǎi jiā sān bǎi	五百 wǔ bǎi
你 Nǐ	Lǐ Jiā

Notas de pronúncia
Mudanças de tom

Lembre-se de que **yī** (um), **qī** (sete), **bā** (oito), **bù** (não) podem assumir diferentes tons.

1. **Yī** pode assumir três tons diferentes.

   A. **Yī** é 1º tom quando for usado isoladamente: **yī**, **èr**, **sān**, **sì**, **wǔ**

   B. **Yī** assume 2º tom quando for seguido por uma palavra no 4º tom: **yí kuài** (um yuan).

   C. **Yī** assume 4º tom quando for seguido por uma palavra no 1º, 2º ou 3º tom:

▶

yì zhāng (um pedaço), **yì máo** (um *mao*), **yì jiǎo** (um *jiao*), **yì fēn** (um *fen*).

2. **Qī** e **bā** ambos podem assumir dois tons:
   Qī e **bā**, quando utilizados isoladamente, são em 1º tom, mas, quando sucedidos por um classificador no 4º tom, podem mudar para 2º tom:

   qī hào *ou* **qí hào** (o número sete)
   bā hào *ou* **bá hào** (o número oito)

3. 不 **bù** (não) é 4º tom, exceto quando na sequência houver uma palavra também no 4º tom. Nesse caso, 不 **bù** muda para 2º tom:
   不是 **búshì** (não é)

Exercícios de pronúncia

Pratique as mudanças dos tons de **yī** (um), **qī** (sete), **bā** (oito) e **bù** (não). Leia as frases abaixo em voz alta e adicione os tons para **yī**, **qī**, **bā** e **bù** sobre as vogais corretas. Confira sua pronúncia no CD.

Pīnyīn	*Ideogramas*	*Português*
a. 1) dìyi	第一	primeiro
2) yi tiān	一天	um dia
3) yi píng	一瓶	uma garrafa
4) yi běn	一本	uma cópia (de livro, revista)
5) yi gè	一个	uma unidade
6) yi bēi	一杯	um copo
7) yi wǎn	一碗	uma tigela
8) yi huà	一划	um traço

Contando: Parte B — Lição 5

b. 1) dìqi	第七	décimo sétimo	
2) qiyuè	七月	julho	
c. 1) dìba	第八	oitavo	
2) bahào	八号	número oito	
d. 1) bugāo	不高	baixo (não alto)	
2) buxíng	不行	ruim, mal (não ok)	
3) buhǎo	不好	ruim, mal (não bom/bem)	
4) bucuò	不错	bom, nada mal (não mal)	
5) buqù	不去	não ir	
6) buxīn	不新	velho (não novo)	
7) bubì	不必	desnecessário (não necessário)	
8) buzǒu	不走	não ir embora	

Pratique o uso de 不 **bù** lendo as palavras abaixo em voz alta. Lembre-se de que o tom de 不 **bù** muda do 4º para o 2º tom quando é seguido por uma palavra em 4º tom. Confira sua pronúncia no CD.

Pīnyīn	*Ideogramas*	*Português*
1) bù	不	não
2) duìbùqǐ	对不起	desculpa
3) bù zhīdào	不知道	não saber
4) tīng bùdǒng	听不懂	não entender (ouvir, mas não entender)
5) bù hǎo	不好	ruim (não bom)
6) bù chī	不吃	não comer
7) bù lái	不来	não vir

8) búyào	不要	não vir
9) búduì	不对	incorreto, errado (não correto)
10) búcuò	不错	bom, nada mal (não mal)
11) búxiè	不谢	de nada/não há de quê
12) búkèqi	不客气	de nada

🔊 Leia em voz alta os números de 0 a 10, organizados abaixo por tom.

1º tom	yī (1)	sān (3)	qī (7)	bā (8)
2º tom	líng (0)	shí (10)		
3º tom	wǔ (5)	jiǔ (9)		
4º tom	èr (2)	sì (4)	liù (6)	

🔊 Cada item abaixo tem um som inicial e um som final combinados para formar uma palavra completa. Leia o som da inicial e da final, e então leia a palavra completa. Verifique sua pronúncia no áudio.

Grupo A:		Grupo B:		Grupo C:		Grupo D:	
j	iē	z	ū	b	ō	zh	ī
q	iū	c	uī	p	āo	ch	āi
x	iā	s	ūn	m	áng	sh	ān
				f	én	r	ēng

Contando: Parte B

🔊 Leia as palavras abaixo em voz alta. Elas têm sons semelhantes.

Grupo A:

yīshí 一十   yì shí 一石   yímín 移民
yìmíng 译名   yī zì 一字   yǐzi 椅子
yì tiān 一天   yì tián 易田

Grupo B:

èr zǐ 二子   érzi 儿子   èr nǚ 二女
érnǚ 儿女   èr duǒ 二朵   ěrduo 耳朵

Grupo C:

sān rén 三人   shànrén 善人   sān diǎn 三点
sǎndiǎn 散点   dàsān 大三   dǎsǎn 打伞

Grupo D:

sì zhōu 四周   sīchóu 丝绸   sìshū 四书
sǐshù 死树   sìshí 四十   sīshì 私事

Grupo E:

wǔ tiān 五天   wùtiān 雾天   wǔsì 五四
wúsī 无私   wǔ huí 五回   wùhuì 误会

Grupo F:

liùshū 六书   liǔshù 柳树   liù píng 六瓶
liūbīng 溜冰   liù jīn 六斤   liúxīn 留心

Grupo G:

qīshí 七十   qíshì 歧视   qī míng 七名
qǐmíng 起名   qī zhé 七折   qìchē 汽车

Grupo H:

bābā 八八 bàba 爸爸 bāzì 八字
bǎzi 靶子 bālù 八路 bá shù 拔树

Grupo I:

jiǔshí 九十 jiùshì 旧事 jiǔjiǔ 九九
jiùjiu 舅舅 jiǔ jīn 九斤 jiūxīn 揪心

Grupo J:

shí fù 十幅 shīfu 师父 shízì 十字
shìzi 柿子 yīshí 一十 lìshǐ 历史

Quantos monges estão no templo?
Responda em mandarim!

Contando: Parte B Lição 5

Usando o ábaco

O ábaco chinês é utilizado há séculos. A estrutura do ábaco é dividida em duas partes. Na parte de cima da barra divisória, há duas bolas em cada haste, e cada bola representa cinco unidades. Na parte de baixo, há em cada haste cinco bolas, e cada uma representa uma unidade.

Pela simples ampliação da forma que você já aprendeu para contar, é possível chegar a números extensos. As hastes do ábaco, da direita para a esquerda, são: **gè** (unidade), **shí** (dezena), **bǎi** (centena), **qiān** (milhar), **wàn** (dezena de milhar), **shíwàn** (centena de milhar), **bǎiwàn** (milhão), **qiānwàn** (dezena de milhão) e **yì** (bilhão).

yì	qiān wàn	bǎi wàn	shí wàn	wàn	qiān	bǎi	shí	gè
↓	↓	↓	↓	↓	↓	↓	↓	↓
4	7	5,	6	2	3,	4	1	9
亿	千	百	十	万	千	百	十	个
yì	qiān	bǎi	shí	wàn	qiān	bǎi	shí	jiǔ

Esse número é lido assim: **sì-yì qī-qiān wǔ-bǎi liù-shí èr-wàn sān-qiān sì-bǎi yīshí jiǔ**.

Comece da esquerda e pronuncie o número seguido do nome de cada coluna, um a um. Note que você não deve falar o **wàn** em **qiānwàn**, **bǎiwàn** e **shíwàn**, mas apenas **qiān**, **bǎi**, **shí**, + **wàn**.

LIÇÃO

6 Contando: Parte C

Exercício 1

🔊 Escute os números com o CD e escreva o *pīnyīn* com o tom correto em cada lacuna.

1) _____
2) _____
3) _____
4) _____
5) _____
6) _____
7) _____
8) _____
9) _____
10) _____

Exercício 2

🔊 Escute os problemas de adição e escreva a resposta em *pīnyīn*. Estude antes este novo vocabulário:

几 jǐ (quanto/quanto custa)

Exemplo:

    Q: 二加二是几 Èr jiā èr shì jǐ?
        Quanto é dois mais dois?

    R: 二加二是四 Èr jiā èr shì sì.
        Dois mais dois são quatro.

1) _____ 三加六是几？
2) _____ 十加十是几？

38

Contando: Parte C — Lição 6

3) _____ 七加七是几？
4) _____ 五十加五十是几？
5) _____ 四十五加六十六是几？

Exercício 3

🔊 Escute os números entre 11 e 999 e escreva os numerais arábicos correspondentes.

1) _____
2) _____
3) _____
4) _____
5) _____
6) _____
7) _____
8) _____
9) _____
10) _____

Exercício 4

Preencha em mandarim o som inicial correspondente de cada número.

6: _____ iù   1: _____ ī
7: _____ ī   3: _____ ān
8: _____ ā   5: _____ ǔ
9: _____ iǔ   10: _____ í

Lição 6 — Contando: Parte C

Exercício 5

Some os símbolos abaixo e escreva o resultado da soma com o numeral. Escreva o problema e o resultado da soma em *pīnyīn*, como no exemplo.

Exemplo: ♦♦♦♦♦ + ♦♦♦ = 8   Wǔ jiā sān shì bā.

1) ♦♦♦♦ + ♦♦♦♦♦ = 9   Sì jiā wǔ shì jiǔ.

2) ♦♦♦♦♦♦♦ + ♦♦♦♦♦♦♦ = 14   Qī jiā qī shì shísì.

3) ♦♦♦♦ + ♦♦♦♦ = 8   Sì jiā sì shì bā.

4) ♦♦♦ + ♦♦♦♦♦♦♦♦♦ = 12   Sān jiā jiǔ shì shí'èr.

5) ♦♦♦♦♦♦ + ♦♦♦♦♦♦♦ = 13   Liù jiā qī shì shísān.

6) ♦♦♦♦♦ + ♦♦♦♦♦♦ = 11   Wǔ jiā liù shì shíyī.

7) ♦♦♦♦♦ + ♦♦ = 7   Wǔ jiā èr shì qī.

Contando: Parte C — Lição 6

Os números na moeda chinesa

Você vai perceber que nas moedas e nas notas da China os números são escritos de uma forma diferente da que você está aprendendo. São utilizadas no sistema bancário (incluindo cheques, ordens de pagamento e recibos) para evitar adulteração de 一 **yī** (um) para 十 **shí** (dez) ou 千 **qiān** (mil). Esses são os números usados na moeda chinesa:

壹 1	貳 2	叁 3	肆 4	伍 5	陸 6
柒 7	捌 8	玖 9	拾 10	佰 100	仟 1000

Algumas superstições chinesas sobre números

Muitos ideogramas são homófonos, ou seja, possuem o mesmo som, mas têm escrita e significados diferentes. Por exemplo, a pronúncia de **sì** (quatro) é similar à de **sǐ** (morte); assim, algumas pessoas preferem evitar o número quatro. No entanto, a pronúncia de **bā** (oito) lembra **fā** (enriquecer), então oito costuma ser o número favorito. Os números **èr bā** (dois oito) indica "ambas as partes enriquecem". Assim, no mundo dos negócios, números como 28, 28.000, 88 e 888 são os favoritos. Em Hong Kong, um automóvel com placa número 888 pode ser vendido por um alto valor.

Outro número da sorte é o nove. Na filosofia *yin-yang*, quando o *yin* ou o *yang* alcança o número nove, um acréscimo levará ao número dez, o que faz que o yin se torne yang e vice-versa. Assim, o número nove representa plenitude ▶

ou totalidade na cultura chinesa. Os imperadores também usavam nove dragões como um de seus símbolos.

Os chineses também fazem outras associações entre números e sorte, como em "as quatro felicidades", "os cinco tipos de sorte e vida longa" e "as cinco crianças alcançam o ápice do sucesso".

LIÇÃO 7

Dinheiro: Parte A

🔊 *Expressões-chave*

请问，在哪儿换钱？ Qǐng wèn, zài nǎr huànqián?	Onde troca dinheiro?
这个多少钱？ Zhè ge duōshao qián?	Quanto custa isso?

🔊 *Vocabulário I* • 生词一

Ideogramas	Pīnyīn	Português
你好	nǐ hǎo	Oi!/Olá!
小姐	xiǎojie	senhorita (usado para se referir a mulheres que trabalham em bancos, restaurantes, lojas, hotéis etc. Atualmente não é muito usado porque, em algumas situações, pode ter conotação pejorativa)
小	xiǎo	pequeno, jovem
这个	zhè ge/ zhèi ge	este, esta, isto
这 个	zhè/zhèi gè/ge	este, esta, isto Classificador geral usado para pessoas ou coisas

▶

43

Ideogramas	Pīnyīn	Português
多少	duōshao	Quantos?/Quanto custa?
钱	qián	dinheiro
块	kuài	¥1.00(forma coloquial de 元 yuán, unidade monetária, como o real)
毛	máo	¥0.10 (forma coloquial de 角 jiǎo, dez centavos); um sobrenome
那个	nà ge/ nèi ge	aquela, aquele, aquilo
那	nà/nèi	aquela, aquele, aquilo
呢	ne	partícula interrogativa (usada no final de uma frase interrogativa para omitir o conteúdo já expressado anteriormente. Por exemplo: E você? 你呢?)
两	liǎng	dois
要	yào	querer, precisar
收	shōu	receber, aceitar
美圆	Měiyuán	dólar (moeda dos Estados Unidos)
圆	yuán	¥1.00 (forma escrita antiga de 元 yuán, unidade monetária, como o real)

Dinheiro: Parte A

Ideogramas	Pīnyīn	Português
请	qǐng	por favor; convidar
问	wèn	perguntar
请问	qǐngwèn	com licença, por favor (utilizado antes de fazer uma pergunta, pedir uma informação)
在	zài	em (preposição), ficar em, estar em
哪儿	nǎr	Onde? (pronúncia comum no dialeto de Pequim)
哪	nǎ	Qual?
换	huàn	trocar
人民币	Rénmínbì	moeda do povo (nome da moeda chinesa, RMB ¥)
人民	rénmín	povo
币	bì	moeda corrente
中国银行	Zhōngguó Yínháng	Banco da China
中国	Zhōngguó	China
银行	yínháng	banco
谢谢	xièxie	obrigado(a)
不谢	búxiè	de nada

Lição 7　　　　　　　　　　　　　　　　Dinheiro: Parte A

Diálogo I · 对话一

PERSONAGENS *A: Estrangeiro* 外国人 **wàiguórén**;
B: Vendedora 小姐 **xiǎojie**

A: 你好！小姐,这个多少钱？
Nǐ hǎo! Xiǎojie, zhège duōshao qián?

B: 这个一百四十块三毛八。
Zhèi ge yìbǎi sìshí kuài sān máo bā.

A: 那个呢？
Nèi ge ne?

B: 那个是一百零八块两毛五。
Nèi ge shì yìbǎi líng bā kuài liǎng máo wǔ.

A: 我要这个。
Wǒ yào zhèi ge.

B: 不收美圆。
Bù shōu Měiyuán.

A: 请问,在哪儿换人民币？
Qǐngwèn, zài nǎr huàn Rénmínbì?

B: 在中国银行。
Zài Zhōngguó Yínháng.

A: 谢谢。
Xièxie.

B: 不谢。
Búxiè.

Tradução do Diálogo I

A: Olá! Senhorita, quanto custa isto?

B: Isso custa 140 *kuai*, três *mao* e oito (*fen*).

A: E aquele?

B: Aquele custa 108 *kuai*, dois *mao* e cinco (*fen*).

A: Eu quero este.

B: Eu não aceito dólares

A: Por favor, onde posso trocar por Rénmínbì?

B: No Banco da China

A: Obrigado.

B: De nada.

A primeira frase da vendedora é uma versão abreviada que omite 分 **fēn** no final. O nome da última e menor unidade monetária não precisa ser utilizado quando o valor não for um número redondo. Veja outro exemplo abaixo:

十块五毛三　￥10.53
shí kuài wǔ máo sān

A forma completa ficaria:
十块五毛三分 **shí kuài wǔ máo sān fēn** ￥10.53;
e uma outra possibilidade ainda mais longa seria:
十块五毛三分钱
shí kuài wǔ máo sān fēn qián ￥10.53.

Vocabulário II · 生词二

Ideograma	Pīnyīn	Português
好	hǎo	bom, bem, ok
元	yuán	¥1.00 (unidade monetária como o real)
角	jiǎo	¥0.10
分	fēn	¥0.01, centavo
外国人	wàiguórén	estrangeiro(a)
美国人	Měiguórén	americano(a) (pessoa)
港币	Gǎngbì	dólar de Hong Kong (HK$)
外币	wàibì	moeda estrangeira
这儿	zhèr	aqui
那儿	nàr	ali, lá
兑换单	duìhuàndān	formulário de câmbio monetário
签字	qiānzì	assinar (nome)

Dinheiro: Parte A Lição 7

🎵 Diálogo II · 对话二

PERSONAGENS A: Americano 美国人 *Měiguórén*;

B: Atendente do banco 小姐 *xiǎojie*

A: 你好!小姐,我换人民币。
Nǐ hǎo! Xiǎojie, wǒ huàn Rénmínbì.

B: 你好!请问你换多少钱?
Nǐ hǎo! Qǐng wèn nǐ huàn duōshao qián?

A: 我换一百美圆。
Wǒ huàn yìbǎi Měiyuán.

B: 好。
Hǎo.

A: 这是多少人民币?
Zhè shì duōshao Rénmínbì?

B: 这是八百二十元两角六分。
Zhè shì bā bǎi èrshí yuán liǎng jiǎo liù fēn.

A: 谢谢。
Xièxie.

A: 不谢。
Búxiè.

Tradução do Diálogo II

A: Olá! Eu gostaria de trocar Rénmínbì.

B: Olá! Por favor, quanto você gostaria de trocar?

A: Eu gostaria de trocar 100 dólares.

B: OK.

A: Quanto vale isto em Rénmínbì?

B: Isto é 820 *yuan*, dois *jiao* e seis *fen* (820 *yuan* e vinte e seis centavos)

A: Obrigado.

B: De nada.

LIÇÃO 8

Dinheiro: Parte B

O pronome interrogativo 多少 duōshao (quantos, quanto custa)

多少 **duōshao** geralmente vem depois do verbo. Note que a ordem da frase é diferente do português. Uma exceção é quando 多少 **duōshao** forma uma sentença independente sem verbo, como 多少钱? **Duōshao qián?** (Quanto custa?) ou 多少人? **Duōshao rén?** (Quantas pessoas?).

Q: 这是多少钱?   Quanto custa isto?
Zhè shì duōshao qián?

A: 这是一百美圆。   Isto custa 100 dólares.
Zhè shì yìbǎi Měiyuán.

A partícula interrogativa 呢 ne

呢 **ne** é uma partícula interrogativa usada no final de uma pergunta para omitir o conteúdo já expresso anteriormente em um contexto específico, assim como em português usamos "E ...?" para evitar repetições. Dependendo do contexto, também pode significar "Onde está...?". Por exemplo:

那个呢?   E aquilo? (Quanto custa aquilo?)
Nà ge ne?

小姐呢?   E a senhorita? (ou, dependendo do
Xiǎojie ne?   contexto, "Onde está a senhorita?")

二 èr (dois) e 两 liǎng (dois)

Tanto 两 **liǎng** quanto 二 **èr** significam *dois*, mas eles possuem diferentes usos:

A. 两 **liǎng** é o número dois para expressar quantidade (número cardinal), geralmente com um classificador.

两个人	liǎng ge rén	duas pessoas
两块钱	liǎng kuài qián	dois *kuai*
两层楼	liǎng céng lóu	dois andares
两瓶啤酒	liǎng píng píjiǔ	duas garrafas de cerveja
两个门	liǎng ge mén	duas portas

B. 二 **èr** pode ser usado como o segundo em uma sequência (número ordinal).

二层	èrcéng	segundo andar
二楼	èrlóu	segundo andar, segundo prédio
二门	èrmén	segunda porta
二号	èrhào	segundo dia de um mês, dia dois, número dois
二班	èrbān	segunda turma

Para algumas palavras, podem ser usados tanto **liǎng** quanto **èr**:

A quantidade de *dois quilos* pode ser 两斤 **liǎng jīn** ou 二斤 **èr jīn**.

A quantidade de *dois máo*, pode ser 两毛 **liǎng máo** ou 二毛 **èr máo**

▶

Dinheiro: Parte B   Lição 8

C. O número 2 é usado como 二 **èr** *(e não* 两 **liǎng***)* em 12, de 20 a 29, em 32, de 42 até 92, 102, 202 etc.

D. Quando o número 2 estiver em 200, 2.000, 20.000 etc., você deve usar 两 **liǎng** ou 二 **èr**. Há diferenças entre o norte e o sul da China. Por exemplo:

	Norte	*Sul*
200	两百 liǎng bǎi	二百 èr bǎi
2.000	两千 liǎng qiān	二千 èr qiān
20.000	两万 liǎng wàn	二万 èr wàn

在 *zài (em) +lugar*

在 **zài** como preposição (em) é sempre seguido por um advérbio ou por uma palavra indicando lugar, formando uma locução prepositiva, que significa *estar em* ou *em algum lugar*.

| 在哪儿换钱？ | Onde (eu posso) trocar |
| Zài nǎr huànqián? | dinheiro? |

| 在银行换钱。 | (Você pode) trocar dinheiro |
| Zài yínháng huànqián. | no banco. |

Em mandarim, a frase prepositiva "**zài** + lugar" deve sempre vir antes do verbo:

*Sujeito + **zài** + lugar + verbo + objeto*

我在银行换钱。 Eu troco dinheiro no banco.
Wǒ zài yínháng huànqián.

Note que a ordem das palavras em mandarim é diferente do português, que permite que "no banco" venha no final da frase.

O pronome interrogativo 哪儿 *năr (onde)*

哪儿 **năr** é um pronome interrogativo que geralmente é usado com a preposição 在 **zài** (em) para formar perguntas. Quando você perguntar "onde...?", o padrão é:

在 *zài* + 哪儿 *năr* + *verbo* + *objeto*

在	哪儿	换	钱?	Onde posso
Zài	năr	huàn	qián?	trocar dinheiro?

Unidades monetárias

Revise o uso formal e o coloquial que se referem a dinheiro. Lembre-se de utilizar um ou outro e de não misturá-los.

	Unidade	Dezena de centavo	Centavo
Uso formal	元 yuán	角 jiǎo	分 fēn
Uso coloquial	块 kuài	毛 máo	分 fēn

A tabela abaixo demonstra alguns exemplos de como pronunciar a quantidade de dinheiro. Apenas insira o número antes do nome das unidades. Por exemplo:

	Formal			*Coloquial*		
¥1.32	1元 yì yuán	3角 sān jiǎo	2分 èr fēn	1块 yí kuài	3毛 sān máo	2 èr
¥4.55	4元 sì yuán	5角 wǔ jiǎo	5分 wǔ fēn	4块 sì kuài	5毛 wǔ máo	5 wǔ

Dinheiro: Parte B — Lição 8

	Formal		*Coloquial*	
¥6.70	6元	7角	6块	7
	liù yuán	qī jiǎo	liù kuài	qī
¥189.00	189元		189块	
	yìbǎi bāshí jiǔ yuán		yìbǎi bāshíjiǔ kuài	

Fazendo perguntas com 多少 duōshao

Pratique o uso de 多少 **duōshao** (quantos/quanto custa) para fazer perguntas. Complete a tabela abaixo utilizando os sujeitos e os objetos dados. O primeiro está pronto para você.

Pergunta				*Resposta*			
Suj.	Verbo	Int.	Objeto	Suj.	Verbo	Nº	Objeto
这	是	多少	钱？	这	是	一百	美元。
Zhè	shì	duō-shao	qián?	Zhè	shì	yìbǎi	Měi-yuán.
Quanto custa isto?				*Isto custa $ 100.*			
那 nà	duō shao		人民币 Rénmínbì	那 nà	shì	300	RMB
这 zhè			美元 Měiyuán	这 zhè		150	US$
那 nà			港币 (HK$) Gǎngbì	那 nà		500	HK$
这 zhè			块 kuài	这 zhè		1,000	块 kuài

▶

Lição 8   Dinheiro: Parte B

那	元	那	95	元
nà	yuán	nà		yuán
这	钱	这	200	块钱
zhè	qián	zhè		kuài qián

Fazendo perguntas com 呢 ne

Faça uma pergunta adicionando 呢 **ne** no final da frase.

Sujeito	*Verbo*	*Objeto*	*Sujeito*	*Partícula*
这	是	一百块,	那个	呢?
Zhè	shì	yìbǎi kuài,	nà ge	ne?

Isto é 100 kuai, e aquilo?

Pratique usando os sujeitos, verbos e objetos abaixo.

我		(sem nome)	你
wǒ			nǐ
我		美国人	你
wǒ		Bāxīrén	nǐ
我	要	这个	你
wǒ	yào	zhè ge	nǐ
我	换	钱	你
wǒ	huàn	qián	nǐ

Dinheiro: Parte B   Lição 8

O número dois

Pratique o número dois. Quando dois precede um classificador, use 两 **liǎng** (não 二 **èr**).

Número	Classificador	Substantivo
两 Liǎng	块 kuài	钱。 qián
	角 jiǎo	人民币 Rénmínbì
	百 bǎi	港币 Gǎngbì
	分 fēn	钱 qián
	美元 Měiyuán	

Onde?

Use o padrão "**zài** + **nǎr** + verbo + objeto" para perguntar "Onde...?".

Pergunta				Resposta	
Qǐngwèn	**zài** + **nǎr**	Verbo	Objeto	**Zài**	Lugar
请问	在哪儿	换	钱？	在	中国银行。
Qǐng wèn	zài nǎr	huàn	qián?	Zài	Zhōngguó Yínháng.

Com licença, onde eu posso trocar dinheiro?

No Banco da China.

美元	这儿
Měiyuán	zhèr
人民币	那儿
Rénmínbì	nàr
港币	中国银行
Gǎngbì	Zhōngguó Yínháng

Nota de pronúncia
Mudanças de tons: 3+3 → 2+3

Sempre que uma palavra em 3º tom for seguida por outra também em 3º tom, a primeira muda para 2º tom. Por exemplo:

wǔ jiǎo 五角	→ wú jiǎo	cinco *jiao*
xǐzǎo 洗澡	→ xízǎo	tomar banho
shěngzhǎng 省长	→ shéngzhǎng	governador da província
zǒngtǒng 总统	→ zóngtǒng	presidente da nação

Quando três ou mais palavras em 3º tom estiverem em sequência, todas, exceto a última palavra, mudam para 2º tom. Por exemplo:

Wǒ hěn hǎo. 我很好。 → Wó hén hǎo.
Eu estou bem.

Wǒ yě hěn hǎo. 我也很好。 → Wó yé hén hǎo.
Eu também estou bem.

Exercícios de pronúncia

🎧 Leia os números e as palavras a seguir em voz alta, prestando atenção à combinação dos tons em cada uma.

	Pīnyīn	*Ideogramas*	*Português*
1)	Nǐ hǎo!	你好!	Oi!/Olá!
2)	hěn hǎo	很好	muito bom
3)	Běihǎi*	北海	mar do norte
4)	bǔkǎo	补考	prova substitutiva
5)	hǎidǎo	海岛	ilha
6)	shuǐjiǎo	水饺	bolinhos em formato de meia-lua cozidos na água (guioza)

*Běihǎi é uma cidade do sul da China, mas, literalmente, significa "mar do norte". (N. E.)

7) xiǎojie	小姐	senhorita
8) bǎoxiǎn	保险	seguro
9) lǎoshǔ	老鼠	rato
10) zuǒshǒu	左手	mão esquerda
11) qǐdǎo	祈祷	rezar
12) lǎohǔ	老虎	tigre
13) qǐngtiē	请贴	convite
14) Wǒ xiǎng xǐzǎo.	我想洗澡。	Eu quero tomar banho.
15) zǒngtǒngfǔ	总统俯	sede do governo presidencial

Leia os números e as palavras em mandarim a seguir em voz alta, prestando atenção às combinações de tom em cada uma. Confira a pronúncia no CD.

1) 1999   2) 1959   3) 1995   4) 9595
5) 5959   6) 6845   7) 9059   8) 3737
9) 2000   10) 2001   11) cèsuǒ   12) Xīmén
13) sìjiào   14) sháoyuán   15) qīhàolóu

Cada item abaixo tem um som inicial e um som final, que, combinados, formam uma palavra completa. Leia o som da inicial e da final, e então leia a palavra completa. Verifique sua pronúncia no CD.

Grupo A:	Grupo B:	Grupo C:	Grupo D:
g uàn	j iāng	d é	b ǎng
k àn	q īng	t ái	p ěng
h ào	x uān	l iáo	m ěi
		n ú	f ǎn

Dinheiro: Parte B — Lição 8

🔊 Leia os números e as palavras a seguir em voz alta, prestando atenção para a combinação dos tons em cada um. Verifique sua pronúncia no CD.

1) Niǔyuē (Nova York)
2) Wōtàihuá (Ottawa)
3) Bōshìdùn (Boston)
4) Mèngfēisī (Memphis)
5) Luòshānjī (Los Angeles)
6) Jiùjīnshān (São Francisco)
7) Fèichéng (Filadélfia)
8) Huáshèngdùn (Washington)
9) Bālí (Paris)
10) Lúndūn (Londres)
11) Wéiyěnà (Viena)
12) Bólín (Berlim)
13) Āmǔsītèdān (Amsterdã)
14) Huìlíndùn (Wellington)

LIÇÃO

9 Dinheiro: Parte C

Exercício 1

🔊 Escute e leia o diálogo a seguir e responda às perguntas:
    A: Estrangeiro 外国人 **wàiguórén**;
    B: Atendente do banco 小姐 **xiǎojie**;

A: 小姐，我要换钱。

B: 你要换多少？

A: 我要换两百美圆的人民币。

B: 好。

A: 这是两百美圆。

B: 这是一千六百六十块人民币。

A: 谢谢。

B: 不谢。再见。

A: 再见。

Responda:

1. O que o estrangeiro quer fazer? _____
   _____

2. Que tipo de moeda e que quantidade de dinheiro ele deseja trocar no banco? _____
   _____

3. Que quantia ele recebeu? _____
   _____

4. Quanto vale um dólar em Rénmínbì? _____
   _____

Dinheiro: Parte C — Lição 9

Exercício 2

🔊 Escute e leia o diálogo a seguir e responda às perguntas:
   A: *Americano* 外国人 **wàiguórén**;
   B: *Vendedora* 小姐 **xiǎojie**;

A: 小姐,这个多少钱?

B: 这个两百块。

A: 那个呢?

B: 那个两块五。

A: 我要那个。

B: 好。

A: 谢谢!

B: 不谢。再见。

A: 再见。

Responda:

1. Qual item o americano quer? _____

_____

2. Quanto ele pagou à vendedora? _____

_____

3. O que a vendedora diz depois que ele lhe dá o dinheiro?

_____

Lição 9   Dinheiro: Parte C

Exercício 3

Todas as palavras usadas para as unidades monetárias de Rénmínbì são classificadores. Pratique usando 两 **liǎng** (dois) com as unidades monetárias dadas. Escreva-as em *pīnyīn* e leia em voz alta.

1. ¥2.00 块
2. ¥0.02 分
3. ¥222.00 元
4. ¥2000 千
5. ¥2.20 毛
6. ¥200 百
7. ¥0.20 角
8. $2.00 美元

Exercício 4

Escreva os números a seguir em *pīnyīn* e leia-os em voz alta.

37 _____   56 _____
94 _____   27 _____
19 _____   65 _____
12 _____   73 _____
100 _____   109 _____
123 _____   176 _____

A moeda chinesa

Existem treze notas e seis moedas de valores diferentes que compõem o sistema monetário chinês. As notas são de 100 yuán, 50 yuán, 20 yuán, 10 yuán, 5 yuán, 2 yuán, 1 yuán, 5 jiǎo, 2 jiǎo, 1 jiǎo, 5 fēn, 2 fēn e 1 fēn. As moedas são de 1 yuán, 5 jiǎo, 1 jiǎo, 5 fēn, 2 fēn e 1 fēn. Porém, atualmente, as notas em circulação são de 100

Dinheiro: Parte C   Lição 9

yuán, 50 yuán, 20 yuán, 10 yuán, 5 yuán e 5 jiǎo, e as moedas em circulação são de 1 yuán, 5 jiǎo, 1 jiǎo. As dimensões das notas e das moedas variam de acordo com o valor, do maior para o menor.

Câmbio de moedas na China

As moedas estrangeiras podem ser trocadas na maioria dos bancos, aeroportos internacionais, grandes hotéis, algumas lojas de departamentos e áreas turísticas. Você precisa apresentar seu passaporte ou registro de residente estrangeiro. A taxa de câmbio varia pouco de um lugar para outro, e é dada uma taxa melhor para os *traveler's checks*. Guarde o recibo quando você trocar dinheiro, pois você precisará dele se quiser trocar Rénmínbì por moedas estrangeiras. É ilegal trocar moedas estrangeiras na rua, e, se você o fizer, poderá receber dinheiro falsificado. Os cartões de crédito internacionais também podem ser usados para retirar RMB dos caixas eletrônicos, mas você pagará taxas pela transação.

LIÇÃO

10 Na cantina: Parte A

🔊 Expressões-chave

您要什么菜？ Nín yào shénme cài?	Qual prato você quer?
我要这个菜。 Wǒ yào zhè ge cài.	Eu quero este prato.
我还要酸辣汤。 Wǒ hái yào suān làtāng.	Eu também quero sopa *suān là*.
这是牛肉吗？ Zhè shì niúròu ma?	Isto é carne bovina?
不要了，谢谢！ Bú yào le, xièxie.	Não quero, obrigado(a).

🔊 Vocabulário I • 生词一

Ideogramas	Pīnyīn	Português
食堂	shítáng	cantina
吃饭	chīfàn	comer (comida)
吃	chī	comer
饭	fàn	comida
吗	ma	partícula interrogativa ▶

Ideogramas	Pīnyīn	Português
很	hěn	muito
您	nín	você (forma respeitosa)
什么	shénme	O quê?/Qual?
菜	cài	prato, legume
牛肉	niúròu	carne de boi
牛	niú	boi, vaca
肉	ròu	carne (quando combinada com outra palavra de um tipo de animal, significa um tipo específico de carne. Quando usada sozinha, significa "carne de porco")
猪肉	zhūròu	carne de porco
猪	zhū	porco
米饭	mǐfàn	arroz cozido
馒头	mántou	pão cozido no vapor
还	hái	ainda, também, além disso
了	le	partícula que indica uma mudança na situação ou uma ação completada

Diálogo I · 对话一

PERSONAGENS *A: Cliente* 顾客 *gùkè;*

B: Atendente 服务员 *fúwùyuán*

A: 你好吗?
Nǐ hǎo ma?

B: 我很好,您呢?
Wǒ hěn hǎo, nín ne?

A: 我也很好。
Wǒ yě hěn hǎo.

B: 您要什么菜?
Nín yào shénme cài?

A: 我要这个菜。这个菜是 牛肉 吗?
Wǒ yào zhè ge cài. Zhè ge cài shì niúròu ma?

B: 不是，是猪肉。那个是牛肉。
Búshì, shì zhūròu. Nà ge shì niúròu.

A: 我要那个菜。
Wǒ yào nà ge cài.

B: 您要米饭吗?
Nín yào mǐfàn ma?

A: 不要,我要馒头。
Bú yào, wǒ yào mántou.

B: 还要什么?
Hái yào shénme?

> A: 不要了。谢谢!
> Bú yào le. Xièxie!
>
> B: 不谢!
> Búxiè!

Tradução do Diálogo I

A: Como vai?

B: Vou bem. E você?

A: Eu também estou bem.

B: Qual prato você quer?

A: Eu quero este prato. Este prato é de carne de boi?

B: Não é, é de carne de porco. Aquele é de carne de boi.

A: Eu quero aquele prato.

B: Você quer arroz?

A: Não, eu quero pão cozido no vapor.

B: Mais alguma coisa?

A: Não. Obrigado(a)!

B: De nada.

Vocabulário II · 生词二

Ideogramas	Pīnyīn	Português
你们	nǐmen	vocês
有	yǒu	ter
鸡	jī	frango, galo, galinha
鱼	yú	peixe
都	dōu	todos, ambos (advérbio)
汤	tāng	sopa
鸡蛋汤	jīdàntāng	sopa de ovos
鸡蛋	jīdàn	ovo de galinha
和	hé	e
酸辣汤	suānlàtāng	sopa *suān là*
酸	suān	azedo
辣	là	apimentado
面条	miàntiáo	macarrão
饼	bǐng	biscoito, bolinho com forma redonda e achatada

Na cantina: Parte A Lição 10

Diálogo II · 对话二

PERSONAGENS A: *Cliente* 顾客 *gùkè*;
B: *Atendente* 服务员 *fúwùyuán*

A: 请问,你们有什么菜?
Qǐng wèn, nǐmen yǒu shénme cài?

B: 鸡,鱼,肉都有。
Jī, yú, ròu dōu yǒu.

A: 我要一个鸡,一个鱼。
Wǒ yào yí ge jī, yí ge yú.

B: 要不要汤?
Yào búyào tāng?

A: 你们有什么汤?
Nǐmen yǒu shénme tāng?

B: 鸡蛋汤和酸辣汤。
Jīdàntāng hé suānlàtāng.

A: 要一个鸡蛋汤。
Yào yí ge jīdàntāng.

B: 还要什么?
Hái yào shénme?

A: 还要一个面条,一个饼。谢谢!
Hái yào yí ge miàntiáo, yí ge bǐng. Xièxie!

B: 不谢。
Búxiè.

Tradução do Diálogo I

A: Por favor, quais pratos vocês têm?

B: Frango, peixe, carne de porco, temos todos esses pratos.

A: Eu quero um de frango e um de peixe.

B: Quer sopa?

A: Quais sopas vocês têm?

B: Sopa de ovos e sopa suān là.

A: Eu quero uma sopa de ovos.

B: Mais alguma coisa?

A: Eu também quero um macarrão e um biscoito. Obrigado(a)!

B: De nada.

Na cantina: Parte B

A partícula interrogativa 吗 ma

吗 **ma** é adicionado no final de uma frase declarativa para formar perguntas com resposta afirmativa ou negativa. É a forma mais comum de se fazer perguntas em mandarim 吗 **ma** é usado sempre em tom neutro.

这个菜是牛肉吗？ Este prato é de carne bovina?
Zhè ge cài shì niúròu ma?

O pronome interrogativo 什么 shénme (o que)

什么 **shénme** é um pronome interrogativo que se posiciona na frase interrogativa depois do sujeito e do verbo principal.

您要什么 O que você deseja? O que você
Nín yào shénme? quer pedir?

什么 **shénme** também pode ser posicionado no início de uma frase interrogativa:

什么是"牛肉"？ O que é "carne de boi"?
Shénme shì "niúròu"?

A partícula 了 le

了 **le** é uma importante partícula na língua chinesa e tem diversas funções. Nos diálogos anteriores, 了 **le** assumiu duas funções, ocorrendo separada ou simultaneamente:

1) Em chinês, uma ação ou um fato tem um "aspecto", não importando se ocorrer no passado, no presente ou no futuro. Esse "aspecto" da ação ou do fato é a sua situação atual, como "em andamento" ou "concluído". 了 **le** logo após um verbo indica que a ação ou o fato foi concluído. Note que 了 **le**, como uma partícula de aspecto, não indica tempo passado ou presente, ainda que a combinação "verbo + 了 **le**" geralmente se relacione com uma ação que ocorreu no passado.

2) 了 **le** no final de uma frase indica uma mudança de situação ou que uma nova situação ocorreu. Como no exemplo do Diálogo I da Lição 10: "不要了 **búyào le** "Não quero", que significa "Eu não quero pedir mais nada".

了 **le** também pode ser usado depois do verbo e no final da frase, atribuído às duas funções ao mesmo tempo. Demonstra que a ação associada com "Eu quero" foi finalizada e que "Eu não quero mais" é a nova situação (em uma frase negativa, essas funções são completadas com a utilização do advérbio de negação 没 **méi** ou 没有 **méiyǒu** antes do verbo [negativa para frases no passado], e, nesse caso, 了 **le** não é usado).

我吃了。 Wǒ chī le.	Eu comi (a ação de comer foi finalizada)
我没(有)吃。 Wǒ méi (yǒu) chī.	Eu não comi.

O advérbio 都 dōu

鸡，鱼，肉都有 **Jī, yú, ròu dōu yǒu** (Frango, peixe e carne: nós temos todos eles).

Nesta frase, o tópico (objeto) é 鸡，鱼，肉 **jī, yú, ròu**, e o comentário (advérbio + verbo) é 都有 **dōu yǒu**. O sujeito, 我们 **wǒmen** (nós), é omitido. Essa estrutura é muito comum na formação de frases em mandarim.

Pergunta afirmativa-negativa (com qualquer verbo)

Você já estudou a estrutura da pergunta afirmativa-negativa com 是不是 **shì búshì** (é ou não é?). Perguntas afirmativas-negativas podem ser formadas com qualquer verbo. 要不要 **yào búyào** (você quer) é uma pergunta afirmativa-negativa formada pela combinação da forma positiva do verbo (要 yào) com a forma negativa do verbo (不要 **búyào**). A resposta é simplesmente a forma positiva ou a forma negativa do verbo. Por exemplo:

    Q: 你要 不要 米饭？ Você quer arroz?
           Nǐ yào búyào mǐfàn?

    A: 要。Sim. (Quero.) ou 不要。Não. (Não quero.)
           Yào.   Búyào.

Lição 11 — Na cantina: Parte B

A partícula 吗 ma

A partícula 吗 **ma** é usada no final de uma frase declarativa para formar uma pergunta.

Sujeito	*Verbo/Adjetivo*	*Objeto*	*ma*
这个菜	是	牛肉	吗?
Zhè ge cài shì	niúròu		ma?

Este prato é de carne de boi?

Pratique as frases interrogativas utilizando a palavra 吗 **ma** e os sujeitos, verbos e objetos a seguir.

那 Nà		猪肉 zhūròu
你 Nǐ	要 yào	鸡蛋汤 jīdàntāng
你们 Nǐmen	有 yǒu	馒头 mántou
你 Nǐ	换 huàn	钱 qián
你 Nǐ	好 hǎo	
那个菜 Zhè ge cài	辣 là	

Na cantina: Parte B — Lição 11

O pronome interrogativo 什么 shénme (o que)

A. Pratique a formação de frases interrogativas utilizando **什么 shénme:**

Pergunta			Resposta		
Suj.	Verbo	Int.	Suj.	Verbo	Objeto
您	要	什么？	我	要	牛肉。
Nín	yào	shénme?	Wǒ	yào	niúròu.
O que você gostaria de pedir?			*Eu quero carne de boi.*		
	吃				面条
	chī				miàntiáo
	吃				面条
	chī				miàntiáo
	有			有	鸡和鱼
	yǒu			yǒu	jī hé yú
	还要			还要	米饭
	hái yào			hái yào	mǐfàn
	有	什么汤		有	酸辣汤
	yǒu	shénme tāng		yǒu	suānlàtāng
	换	什么钱		换	美元
	huàn	shénme qián		huàn	Měiyuán

▶

Lição 11 — Na cantina: Parte B

B. Agora pratique a formação de perguntas com 什么 **shénme** no início da frase:

Pergunta			*Pergunta*		
Sujeito	Verbo	Objeto	Sujeito	Verbo	Objeto
什么	是	"牛肉"?	"牛肉"	是	beef.
Shénme	shì	"niúròu"?	"Niúròu"	shì	beef.
O que é "niúròu"?			"Niúròu" é carne de boi.		
		馒头	馒头		pão cozido no vapor
		mántou	mántou		
		饼	饼		biscoito; bolinho
		bǐng	bǐng		
		面条	面条		macarrão
		miàntiáo	miàntiáo		
		人民币	人民币		中国钱
		Rénmínbì	Rénmínbì		Zhōngguó qián
		一元	一元		十个角
		yì yuán	yì yuán		shí ge jiǎo
		港币	港币		HK$
		Gǎngbì	Gǎngbì		

A partícula 了 *le*

A partícula 了 **le** no final da frase ou depois de um verbo indica o "aspecto" de uma ação concluída. Para responder a uma pergunta com 了 **le**, use o padrão "不 **bú**... 了 **le**" (não... mais), que indica mudança da situação.

Pratique a formação de perguntas com a palavra 吗 ***ma*** e responder com 了 ***le***:

Pergunta				Resposta		
Suj.	**hái** +verbo	objeto	**ma**	Verbo na negativa + ***le***		
你	还要	菜	吗?	不	要	了。
Nǐ	hái yào	cài	ma?	Bú	yào	le.
Você gostaria (de pedir) mais pratos?				*(Eu) não quero mais*		
	还吃 hái chī	米饭 mǐfàn			吃 chī	
	还要 hái yào	这个菜 zhè ge cài			要 yào	
	还吃 hái chī	鱼 yú			吃 chī	
	还要 hái yào	汤 tāng			要 yào	
	还吃 hái chī	面条 miàntiáo			吃 chī	

Lição 11 — Na cantina: Parte B

Perguntas afirmativas-negativas

Uma pergunta afirmativa-negativa pode ser formada por qualquer verbo. Pratique a formação de perguntas com base nesse modelo e responda tanto afirmativa quanto negativamente.

Pergunta		Pergunta
Verbo afirmativo-negativo	Objeto	Afirmativa-negativa
要不要	这个菜？	要。/ 不要。
Yào búyào	zhè ge cài?	Yào. / Búyào.
Você gostaria (de pedir)	este prato?	Sim, eu gostaria. / Não, eu não gostaria.
	米饭 mǐfàn	要馒头 / 不要米饭 Yào mántou. / Búyào mǐfàn.
	这个菜 zhè ge cài	要那个菜 / 不要这个菜 Yào nà ge cài. / Búyào zhè ge cài.
	汤 tāng	要菜 / 不要汤 Yào cài. / Búyào tāng.
	面条 miàntiáo	要饼 / 不要面条 Yào bǐng. / Búyào miàntiáo.
	猪肉 zhūròu	要牛肉 / 不要猪肉 Yào niúròu. / Búyào zhūròu.
	鱼 yú	要鸡 / 不要鱼 Yào jī. / Búyào yú.

Na cantina: Parte B Lição 11

> ### *Perguntas com 还要 hái yào (querer ainda, querer mais)*
>
> Use as palavras abaixo para formar frases de acordo com esse modelo.
>
> | *Pergunta* | | | | *Resposta* | | |
> |---|---|---|---|---|---|---|
> | Suj. | **Hái**+Verbo | Objeto | **Ma** | **Hái** +Verbo | | Objeto |
> | 你 | 还要 | 汤 | 吗？ | 还 | 要 | 酸辣汤。 |
> | Nǐ | hái yào | tāng | ma? | Hái | yào | suānlà-tāng. |
>
> Você quer mais sopa?   Sim, (eu) quero mais sopa.
>
> | | |
> |---|---|
> | 菜
cài | 那个菜
nà ge cài |
> | 米饭
mǐfàn | 米饭
mǐfàn |
> | 面条
miàntiáo | 鸡蛋面
jīdànmiàn |
> | 吃
chī | 吃 面条和饼
chī miàntiáo hé bǐng |
> | 吃肉
chī ròu | 吃 牛肉
chī niúròu |

Nota de pronúncia
Mudanças de tom
O meio-3º tom no começo de palavra ou conjunto de palavras

Quando um 3º tom estiver isolado, ele é pronunciado como um 3º tom completo. No entanto, quando o 3º tom estiver no começo de uma palavra ou de um composto de palavras e for seguido por um tom diferente (1º, 2º ou 4º tom), ele é pronunciado como meio-3º tom, que descende, mas não ascende. A marcação do tom não muda. Nos exemplos abaixo, **měi** é pronunciado como um curto meio-3º tom.

Pīnyīn	*Ideogramas*	*Português*
měi tiān	每天	todo dia
měi nián	每年	todo ano
měi yuè	每月	todo mês

Exercícios de pronúncia

Leia as palavras e as frases abaixo com o 3º tom inicial em voz alta.

Pīnyīn	*Ideogramas*	*Português*
1) wǒ chī	我吃	eu como
2) wǒ lái	我来	eu vou
3) wǒ yào	我要	eu quero
4) nǐ hē	你喝	eu bebo
5) nǐ lái	你来	você vem
6) nǐ huàn	你换	você troca
7) wǔ tiān	五天	cinco dias
8) wǔ nián	五年	cinco anos
9) wǔ cì	五次	cinco vezes
10) lǎoshī	老师	professor(a)

Na cantina: Parte B

🔊 Pratique estas palavras com 3º tom seguidas pelo 2º tom.

Pīnyīn	Ideogramas	Português
1) Měiguó	美国	Estados Unidos
2) lǎorén	老人	idoso
3) zhǎoqián	找钱	dar troco
4) gǎigé	改革	reformar (politicamente, economicamente)
5) hǎiyáng	海洋	oceano
6) yěmán	野蛮	bárbaro, cruel, brutal
7) jiǎngtái	讲台	plataforma
8) zǒngcái	总裁	presidente (de uma empresa)
9) jiějué	解决	resolver
10) jǐngchá	警察	polícia, policial

🔊 Cada item abaixo tem um som inicial e um final que se combinam para formar palavras. Leia o som inicial e o final, e depois leia a palavra toda. Confira sua pronúncia no áudio.

Grupo A:	Grupo B:	Grupo C:	Grupo D:
zh ē	d uō	z ài	g uāi
ch áo	t ú	c án	k uí
sh ǎng	l iǎo	s uān	h é
r ì	n àn		

🔊 Pratique o *pīnyīn* lendo os termos abaixo em voz alta.

1) xuéxiào 学校 escola
2) xiǎoxué 小学 ensino fundamental
3) zhōngxué 中学 ensino médio
4) dàxué 大学 universidade, faculdade

5) Jiàoyùbù 教育部 Ministério da Educação
6) Jiàoyùjú 教育局 Secretaria da Educação
7) Zhōngyāng Zhèngfǔ 中央政府 Governo Central
8) shěng 省 província
9) Guówùyuàn 国务院 Conselho Estadual
10) shì 市 cidade, mercado
11) xiàn 县 país
12) Shāngyèbù 商业部 Ministério do Comércio
13) shāngdiàn 商店 loja
14) Nóngyèbù 农业部 Ministério da Agricultura
15) nóngcūn 农村 interior
16) Wénhuàbù 文化部 Ministério da Cultura
17) chāojí shìchǎng 超级市场 / chāoshì 超市 supermercado
18) shūdiàn 书店 livraria
19) zǎoshì 早市 mercado matinal
20) jǐngchájú 警察局 departamento de polícia
21) pàichūsuǒ 派出所 delegacia de polícia
22) gōngsī 公司 empresa
23) lǜshīsuǒ 律师所 escritório de advocacia
24) yóujú 邮局 correios
25) yīwùsuǒ 医务所 clínica
26) yīyuàn 医院 hospital
27) bàngōngshì 办公室 escritório
28) lǚguǎn 旅馆 / fàndiàn 饭店 / bīnguǎn 宾馆 hotel
29) gōngyuán 公园 parque
30) zhàoxiàngguǎn 照相馆 loja de fotografia

LIÇÃO

Na cantina: Parte C

12

🔘 Leia e escute o diálogo abaixo e depois responda às perguntas. Primeiro, revise o vocabulário abaixo:

碗 wǎn (tigela)
找 zhǎo (dar troco)

NO BALCÃO 在柜台

A: Estrangeiro 外国人 ***wàiguórén****;*
B: Atendente 服务员 ***fúwùyuán***

A: 你要什么？

B: 我要一个馒头。

A: 还要什么？

B: 还要一碗米饭。多少钱？

A: 三块钱。

B: 这是五块钱。

A: 找你两块钱。

B: 好，谢谢。

Responda:

1. O que o estrangeiro pediu primeiro? _____
_____

2. O que mais o estrangeiro pediu? _____
_____

3. Quanto é o valor total? _____

4. Quanto o estrangeiro recebeu de troco? _____

Exercício 2

Escute o diálogo e responda às perguntas. Primeiro estude a palavra abaixo, que não está na lista do vocabulário desta lição:

一共 yígòng (no total, ao todo)

A: 我要这个菜。这个菜多少钱？

B: 这个菜两块五。

A: 那个菜多少钱？

B: 那个菜三块钱。

A: 我要一个这个菜，一个那个菜。

B: 好，一共五块五。

Responda:

1. Quantos pratos o estrangeiro pediu? _____

2. Qual o valor total da conta? _____

Na cantina: Parte C — Lição 12

Exercício 3

Pratique pedir estes pratos dizendo "我要 **Wǒ yào** _____."

菜 cài
鸡 jī
鱼 yú
牛肉 niúròu
米饭 mǐfàn
馒头 mántou

Exercício 4

Escreva os nomes das comidas em *pīnyīn* nas lacunas abaixo.

1. peixe _____

2. frango _____

3. macarrão _____

4. carne bovina _____

Exercício 5

Para se preparar para comprar comida em uma cantina na China, traduza as frases abaixo para o mandarim. Escreva as respostas em *pīnyīn*.

1. Este prato é de carne de boi? _____

2. Eu não quero este prato. Eu quero aquele prato. _____
   _____

3. Eu gostaria de sopa de ovos. _____
   _____

4. Eu também quero quatro pães cozidos. _____

_____

5. Eu não quero mais, obrigado. _____

_____

> ### Formas de tratamento para garçom e garçonete
>
> 服务员 **fúwùyuán** é termo comum usado para se dirigir ao garçom ou à garçonete. Entretanto, um garçom é geralmente chamado de 师傅 **shīfu,** e a garçonete, de 小姐 **xiǎojie**. Mas tome cuidado com o uso regional – em alguns lugares, especialmente no sul, 小姐 **xiǎojie** tem o significado pejorativo de prostituta. Uma alternativa para o termo "garçonete" é 小妹 **xiǎomèi** ("pequena irmã").

Shítáng 食堂 (cantina)

Em quase todos os lugares de trabalho e estudo na China há um 食堂 **shítáng**, que significa cantina ou refeitório, incluindo a "cantina da escola ou universidade" (教师食堂 **jiàoshī shítáng**) ou a "cantina dos trabalhadores" (职工食堂 **zhígōng shítáng**) em órgãos governamentais, empresas e muitos outros ambientes de trabalho. A palavra 食堂 **shítáng** geralmente indica um estilo de serviço oferecido para alimentação, em que você entra na fila e escolhe a comida exposta atrás do balcão. Os atendentes lhe darão a comida pronta, e você a leva para uma mesa disponível. Os cartões magnéticos são vendidos e podem ser carregados em outro balcão ou escritório dentro ou próximo da cantina; geralmente são utilizados no lugar do dinheiro em espécie. Em muitas universidades chinesas existe uma cantina específica para estrangeiros, chamada 留学生食堂 **liúxuéshēng shítáng** (cantina dos estudantes estrangeiros), direcionada para estudantes, professores e outros visitantes. Espera-se que os estrangeiros utilizem essa cantina em vez da cantina dos chineses. As cantinas dos estudantes estrangeiros geralmente vendem comida chinesa e ocidental.

Banquetes e jantares de família

Um convidado estrangeiro na China algumas vezes tem a chance de participar de banquetes, os quais possuem diferentes níveis de formalidade, de acordo com o status de quem o oferece. Quanto mais alto o status do anfitrião, mais complexa a etiqueta.

Em um banquete muito cerimonioso, os anfitriões se encontrarão formalmente com os convidados antes do banquete em uma sala de recepção. A organização dos assentos depende do status do anfitrião e dos convidados, mas geralmente cartões são colocados sobre a mesa indicando o lugar de cada um.

Geralmente, três copos são colocados para cada pessoa: um copo pequeno para o **Máotái** (uma marca muito conhecida de um licor forte), uma taça para vinho e um copo para água ou refrigerante. O anfitrião propõe o primeiro brinde, geralmente com vinho – em vez do **Máotái**, que possui teor alcóolico mais forte –, para simbolizar amizade. Em um banquete formal, apenas o anfitrião com o status mais alto irá circular pelas outras mesas para novos brindes. Todos os outros devem permanecer em seus lugares e brindar apenas com as pessoas presentes na mesma mesa. Durante os brindes, seu copo deve ser mantido um pouco abaixo em relação aos copos das outras pessoas em demonstração de respeito.

Toalhas umedecidas serão oferecidas três vezes durante o banquete para você limpar suas mãos. A primeira vez, ao se sentar. A segunda, após comer alimentos gordurosos ou sopas. A terceira vez, quando o banquete terminar.

Se você for convidado para a casa de um amigo ou colega chinês para jantar, você deve levar um presente (frutas, vinhos, flores, doces, bolos ou brinquedos para as crianças). A etiqueta no jantar de família é menos formal do que no banquete. O anfitrião pode pedir para você se sentar em um lugar específico ou simplesmente permitir que você se sente onde desejar. Uma toalha umedecida, ou apenas guardanapos, podem ser oferecidos para você limpar suas mãos antes, durante e depois da refeição. É muito provável que brindes formais sejam feitos antes de o jantar se iniciar. O anfitrião provavelmente irá servir você com os pratos que estiverem na mesa. É rude recusar-se a comer.

LIÇÃO 13

No restaurante: Parte A

🔊 *Expressões-chave*

你们有什么菜？ Nǐmen yǒu shénme cài?	Quais pratos vocês têm?
我吃素。有素菜吗？ Wǒ chīsù. Yǒu sùcài ma?	Sou vegetariano. Vocês têm pratos vegetarianos?
小姐！买单。 Xiǎojie! Mǎidān.	Garçonete! A conta, por favor.
一共多少钱？ Yígòng duōshao qián?	Quanto custa no total?

🔊 *Vocabulário I* • 生词一

Ideogramas	*Pīnyīn*	*Português*
饭馆(儿)	fànguǎn(r)	restaurante
进	jìn	entrar
这边	zhèbian	este lado
边	biān	lado

▶

Ideogramas	Pīnyīn	Português
坐	zuò	sentar
美国人	Měiguórén	americano(a) (pessoa)
我们	wǒmen	nós
英国人	Yīngguórén	inglês(esa) (pessoa)
(一)点儿	(yì)diǎnr	um pouco
菜单	càidān	cardápio
来	lái	trazer, vir, chegar
炒	chǎo	refogar, fritar
炒鸡丁	chǎojīdīng	cubos de frango refogado
鸡丁	jīdīng	cubos de frango
丁	dīng	pequenos cubos (de carne ou legumes)
糖	táng	açúcar; bala, doce (substantivo)
醋	cù	vinagre
糖醋	tángcù	agridoce
片	piàn	fatia, pedaço pequeno
葱	cōng	cebolinha

No restaurante: Parte A — Lição 13

Ideogramas	*Pīnyīn*	*Português*
爆	bào	fritar, explodir, estourar
葱爆	cōngbào	cebolinha frita
没	méi	não (negativa para frases) não ter (versão abreviada de 没有 méiyǒu)
没有	méiyǒu	não ter
先	xiān	primeiro, antes
这些	zhèxie	estes, estas
些	xiē	alguns, um pouco

Diálogo I · 对话一

PERSONAGENS A: *Clientes* 顾客 **gùkè**;
B: *Garçonete/garçom* 小姐 ***xiǎojie***/师傅 ***shīfu***

B: 请进。请这边坐。
Qǐng jìn. Qǐng zhèbian zuò.

A: 谢谢。
Xièxie.

B: 你们是美国人吗?
Nǐmen shì Měiguórén ma?

A: 不是。我们是英国人。
Búshì. Wǒmen shì Yīngguórén.

Lição 13 — No restaurante: Parte A

B: 你们吃点儿什么？
Nǐmen chī diǎnr shénme?

A: 你们有什么菜？
Nǐmen yǒu shénme cài?

B: 这是菜单。
Zhè shì càidān.

A: 好。来一个炒鸡丁，一个糖醋鱼片，一个酸辣汤。有没有葱爆牛肉？
Hǎo. Lái yí ge chǎojīdīng, yí ge tángcù yúpiàn, yí ge suānlàtāng. Yǒu méiyǒu cōngbào niúròu?

B: 没有。
Méiyǒu.

A: 先要这些。谢谢。
Xiān yào zhèxie. Xièxie.

Tradução do Diálogo I

B: Por favor, entrem. Por favor, sentem-se deste lado.

A: Obrigado.

B: Vocês são americanos?

A: Não. Nós somos ingleses.

B: O que vocês gostariam de comer?

A: Quais pratos vocês têm?

B: Aqui está o cardápio.

A: Ok. Por favor, traga (um prato de) cubos de frango refogado, um filé de peixe agridoce e uma sopa *suān là*. Você tem carne de boi frita com cebolinha?

B: Não.

A: Eu quero estes primeiro. Obrigado.

请 **qǐng** (por favor, convidar) é usado no diálogo antes do verbo principal de uma frase imperativa, com o intuito de ser educado.

| 请进。 | Qǐng jìn. | Por favor, entre. |
| 请坐。 | Qǐng zuò. | Por favor, sente-se. |

请 **qǐng** pode também ser usado isoladamente para convidar formalmente pessoas a se sentar, comer, beber etc., de acordo com o contexto.

| 请! 请! | Qǐng. Qǐng. | Por favor (sente-se)! Por favor (coma mais)! |
| 请多来点儿。 | Qǐng duō lái diǎnr. | Por favor, coma mais. |

这边 **zhèbian** (este lado) (ou **zhèbianr** em Pequim) é um advérbio de lugar que geralmente vem antes do verbo em uma frase. Você também pode colocar 在 **zài** como preposição antes do advérbio de lugar sem mudar o significado:

请这边坐。
Qǐng zhèbian zuò.   Por favor, sente-se deste lado.

请在这边坐。
Qǐng zài zhèbian zuò.   Por favor, sente-se deste lado.

一个炒鸡丁,
yí ge chǎojīdīng
(um prato de) cubos
de frango refogado

一个糖醋鱼片
yí ge tángcù yúpiàn
filé de peixe agridoce

O classificador 个 **ge**, em seu uso genérico para vários objetos, pode ser usado para pedir pratos de comida em um restaurante. Entretanto, 盘 **pán** é o classificador para pratos de comida.

Vocabulário II · 生词二

Ideogramas	Pīnyīn	Português
吃素	chīsù	ser vegetariano, comer apenas vegetais
素	sù	vegetal
素菜	sùcài	prato de vegetais
炒鸡蛋	chǎojīdàn	ovos mexidos
喝	hē	beber
饮料	yǐnliào	bebidas
茶	chá	chá
咖啡	kāfēi	café
冷饮	lěngyǐn	bebida gelada
啤酒	píjiǔ	cerveja
杯	bēi	copo, taça
可乐	kělè	coca-cola
水	shuǐ	água
瓶	píng	garrafa
买单	mǎidān	conta (de restaurante ou bar)
一共	yígòng	no total, ao todo

Ideogramas	Pīnyīn	Português
杯子	bēizi	copo
盘子	pánzi	prato
碗	wǎn	tigela
筷子	kuàizi	palitinhos, talheres usados para comer comida chinesa ou japonesa *(hashi)*
勺子	sháozi	colher
叉子	chāzi	garfo
宫保	gōngbǎo	tipo de prato com carne (de frango, de boi) cortada em cubos com pimenta e amendoim

Lição 13 — No restaurante: Parte A

💿 *Diálogo II* · 对话二

PERSONAGENS A: *Clientes* 顾客 ***gùkè***;
B: *Garçonete* 小姐 ***xiǎojie***

A: 我吃素。有素菜吗？
Wǒ chīsù. Yǒu sùcài ma?

B: 有炒鸡蛋，炒素菜。
Yǒu chǎojīdàn, chǎosùcài.

A: 我要一个炒素菜。
Wǒ yào yí ge chǎosùcài.

B: 你们喝什么饮料？
Nǐmen hē shénme yǐnliào?

A: 你们有什么？
Nímen yǒu shénme?

B: 茶，咖啡，冷饮和啤酒都有。
Chá, kāfēi, lěngyǐn hé píjiǔ dōu yǒu.

A: 要两杯可乐，一杯水，一瓶啤酒。
Yào liǎng bēi kělè, yì bēi shuǐ, yì píng píjiǔ.

* * *

A: 小姐！买单。一共多少钱？
Xiǎojie! Mǎidān. Yígòng duōshao qián?

B: 一共一百二十五块。
Yígòng yìbǎi èrshíwǔ kuài.

A: 谢谢。
Xièxie.

No restaurante: Parte A — Lição 13

Tradução do Diálogo II

A: Eu sou vegetariano. Vocês têm pratos vegetarianos?

B: Temos ovos mexidos e vegetais refogados.

A: Eu quero um prato de vegetais refogados.

B: O que vocês gostariam de beber?

A: Quais (bebidas) vocês têm?

B: Nós temos chá, café, bebidas geladas e cerveja.

A: Queremos dois copos de coca-cola, um copo de água e uma garrafa de cerveja.

* * *

A: Senhorita, a conta, por favor. Quanto fica no total?

B: No total, são 125 yuan.

A: Obrigado.

没有 **méiyǒu** (não ter) é a única forma negativa de 有 **yǒu** (ter). Note que 不 **bù** nunca é usado com 有 **yǒu**.

LIÇÃO 14

No restaurante: Parte B

O advérbio (一) 点儿 (yì) diǎnr

点儿 **diǎnr** (um pouco) geralmente segue um verbo para indicar "fazer um pouco de algo". 吃点儿什么? **Chī diǎnr shénme?** (O que você gostaria de comer?) literalmente significa "O que você gostaria de comer um pouco?". 点儿 **diǎnr** é a abreviação de 一点儿 **yìdiǎnr** (um pouco) com 一 **yì** (um) omitido; modifica 什么 **shénme** (o que) no exemplo citado.

Frases com sujeito oculto

Em mandarim, o sujeito da frase pode ser omitido quando o contexto deixa claro quem ou o que representa o sujeito.

    A: 有素菜吗?   (Vocês) têm pratos vegetarianos?
    Yǒu sùcài ma?

    B: 有。   (Sim, nós) temos.
    Yǒu.

O advérbio 一共 yígòng

O advérbio 一共 **yígòng** (no total, ao todo) é usado apenas com números e deve ser posicionado logo antes do número.

一共一百二十五块。   No total, 125 yuan.
Yígòng yìbǎi èrshíwǔ kuài.

No restaurante: Parte B — Lição 14

O que você gostaria de comer?

吃点儿什么？ **Chī diǎn shénme?** (O que você gostaria de comer?) é uma pergunta muito comum entre os atendentes de um restaurante chinês para os seus clientes.

Pergunta				*Resposta*		
Suj.	Verbo	**diǎnr**	Int.	Suj.	Verbo	Objeto
你们	吃	点儿	什么？	我	要	炒鸡丁。
Nǐmen	chī	diǎnr	shénme?	Wǒ	yào	chǎojīdīng.

O que vocês gostariam de comer? *Eu gostaria de (um prato de) cubos de frango refogado.*

Pratique perguntas e respostas utilizando esse padrão com os verbos e objetos abaixo.

Sujeito	Verbo	**diǎnr**	Int.	Sujeito	Verbo	Objeto
	喝				喝	水
	hē				hē	shuǐ
	要				要	糖醋鱼
	yào				yào	tángcùyú
	来				来个	炒鸡蛋
	lái				lái ge	chǎojīdàn

Você pode adicionar informações após 什么 **shénme** para fazer perguntas mais específicas. Por exemplo: 你们吃点儿什么菜？ **Nǐmen chī diǎnr shénme cài?** (Quais pratos vocês gostariam de comer?).

▶

Pratique perguntas e respostas com este modelo:

Pergunta			*Pergunta*		
Sujeito	*Verbo*	***diǎnr*** *Int.*	*Sujeito*	*Verbo*	*Objeto*
	喝	什么饮料？		要	可乐
	hē	shénme yǐnliào?		yào	kělè
	要	什么菜？		来个	素菜
	yào	shénme cài		lái ge	sùcài

Vocês têm...?

有 **Yǒu** ... 吗 **ma**? (Vocês têm...?) é um modelo de frase com sujeito omitido. É muito comum em restaurantes, lojas e mercados.

Yǒu	*Objeto*	*ma*
有	咖啡	吗？
Yǒu	kāfēi	ma?

Vocês têm café?

A forma negativa para essa pergunta é
没有。 **Méiyǒu**. (Não, não temos.)

Pratique formar novas frases com este modelo usando os objetos abaixo:

米饭
mǐfàn

葱爆牛肉
cōngbào niúròu

炒素菜
chǎo sùcài

茶
chá

面条
miàntiáo

No restaurante: Parte B — Lição 14

Vocês têm...?

有没有 **Yǒu méiyǒu** …? (Vocês têm...?) é uma pergunta afirmativa-negativa. É formada pela combinação do verbo na forma afirmativa 有 **yǒu** com a forma negativa 没有 **méiyǒu**. A resposta pode ser 有 **yǒu** (sim, tem) ou 没有 **méiyǒu** (não, não tem). Essa forma de perguntar é frequentemente utilizada no dia a dia da China. O significado de 有没有 **Yǒu méiyǒu** …? é o mesmo de 有 **Yǒu** …吗 **ma?**

有没有	素菜?	有。 / 没有。
Yǒu méiyǒu	sùcài?	Yǒu. / Méiyǒu.
Vocês têm pratos vegetarianos?		*Sim, nós temos. / Não, não temos.*

Pratique perguntar e responder com base nesse modelo usando os objetos abaixo.

Objeto	Resposta
可乐 kělè	não
汤面 tāngmiàn	sim
炒鸡蛋 chǎojīdàn	não
牛肉 niúròu	sim
啤酒 píjiǔ	não
炒肉丁 chǎoròudīng	sim

O que/Quais vocês têm?

有什么 **Yǒu shénme** …? (O que/Quais … vocês têm?) pode ser usado para perguntar os tipos de comidas que você pode pedir.

Pergunta

Sujeito	Verbo	Int.	Objeto
你们	有	什么	菜？
Nǐmen	yǒu	shénme	cài?

Resposta

Sujeito	Verbo	Objeto
我们	有	鸡，鱼，肉。
Wǒmen	yǒu	jī, yú, ròu.

Pratique perguntar e responder com base nesse modelo usando os objetos abaixo.

Objeto: Pergunta	Objeto: Resposta
鸡 jī	炒鸡丁 chǎojīdīng
鱼 yú	糖醋鱼 tángcùyú
肉 ròu	葱爆牛肉 cōngbào niúròu
菜 cài	炒素菜 chǎosùcài
啤酒 píjiǔ	美国啤酒 Měiguó píjiǔ
饮料 yǐnliào	可乐和水 kělè hé shuǐ

No restaurante: Parte B — Lição 14

Quanto custa?

Use 一共 **yígòng** para perguntar o valor total da conta e, então, responda com o montante.

Pergunta		Resposta	
O total é	Int.	O total é	Número
一共	多少钱？	一共	三十五 块。
yígòng	duōshao qián?	yígòng	sānshíwǔ kuài.

¥15.50

¥7.25

¥133.40

¥54.30

¥200

¥10.12

Nota de pronúncia
A final "e"

Há quatro formas diferentes de pronunciar a final "e" de acordo com a combinação com outras finais, mas a diferença entre as quatro formas é muito sutil.

A. Quando a final "e" aparece antes da final [-i], na combinação das finais "ei" ou "uei", é pronunciada [e], como no ditongo "ei" da palavra "meio".

Pīnyīn	Ideogramas	Português
měi	美	bonito, belo
hēi	黑	preto
bēizi	杯子	copo

B. Quando a final "e" aparece logo após a final [i-] ou [y-], na combinação "ie" ou "üe", é pronunciada [ɛ], como em "é" na palavra "pé".

Pīnyīn	Ideogramas	Português
jié	节	festival, feriado
jué	决	decidir

C. Quando a final "e" forma uma sílaba sozinha ou aparece isolada logo após uma inicial, é pronunciada [ɣ]. Não há palavra com som similar em português, é como se alguém desse um soco no seu estômago e o grito fosse "eh".

Pīnyīn	Ideogramas	Português
Éguó	俄国	Rússia
wǒ è le	我饿了。	Estou com fome.
hé	河	rio
chē	车	carro, veículo
wǒ de	我的	meu(s), minha(s)
Déguó	德国	Alemanha

D. Quando a final "e" aparece antes de som nasal [-n] ou [-ng], na combinação "en" ou "eng", é pronunciada [ə], como em "an" na palavra "manta".

Pīnyīn	Ideogramas	Português
ēn	恩	bondade, gentileza
gēn	根	raiz, base
zhēn	真	real, verdadeiro
dēng	灯	lâmpada
zhēng	蒸	no vapor

No restaurante: Parte B — Lição 14

Exercícios de pronúncia

🔊 Leia as palavras abaixo em voz alta. Tome cuidado com as diferentes pronúncias da final "e" de acordo com as combinações.

"e" isolado como uma sílaba independente

1) Éguo	俄国	Rússia
2) ézi	蛾子	traça
3) étou	额头	testa
4) Wǒ è le.	我饿了。	Estou com fome.

"e" como final de uma sílaba

5) shé	蛇	cobra
6) kuàilè	快乐	feliz
7) qìchē	汽车	automóvel
8) zhèngcè	政策	política
9) Huánghé	黄河	Rio Amarelo
10) tèkuài	特快	trem expresso
11) Kěkǒu Kělè	可口可乐	Coca-Cola®
12) Déguó	德国	Alemanha
13) Dézhōu	德州	Texas
14) Búkèqi	不客气	De nada

"e" na final "en" ou "eng"

15)	shén	神	Deus, divindade
16)	mén	门	porta, portão
17)	Ménggǔ	蒙古	Mongólia
18)	mèng	梦	sonho
19)	hěn hǎo	很好	muito bom
20)	néng	能	poder, ser capaz de

"e" como em um ditongo

21)	mèimei	妹妹	irmã mais nova
22)	gěi	给	dar
23)	Běijīng	北京	Pequim
24)	zéi	贼	ladrão
25)	jiějie	姐姐	irmã mais velha
26)	tiělù	铁路	trilho, via férrea
27)	zhédié	折叠	dobrar
28)	dǎliè	打猎	caçar

Abaixo há mais algumas palavras com a final "e". Leia em voz alta, atentando para as diferentes pronúncias de acordo com as combinações.

	Pīnyīn	*Ideogramas*	*Português*
1)	xiǎojie	小姐	senhorita
2)	hē shuǐ	喝水	beber água
3)	wǔ fēn	五分	cinco *fen*
4)	Měiguó	美国	Estados Unidos

No restaurante: Parte B   Lição 14

5) gēge 哥哥 irmão mais velho
6) Éhài'é 俄亥俄 Ohio
7) xiǎofèi 小费 gorjeta
8) huǒchē 火车 trem
9) cèsuǒ 厕所 toalete, banheiro
10) fēng 风 vento
11) shéngzi 绳子 corda

🔘 Cada item abaixo tem um som inicial e um final que combinam para formar palavras. Leia o som inicial e o final, e depois leia a palavra toda. Confira a sua pronúncia no áudio.

Grupo A:	Grupo B:	Grupo C:	Grupo D:
b ēi	zh è	j iǔ	z ài
p ō	ch ǎo	q iàn	c ōng
m án	sh í	x iāng	s ù
f áng	r éng		

🔘 Leia os nomes de frutas e legumes abaixo em voz alta

1) guā 瓜 vegetais da família do melão, da abóbora

2) guǎnggān 广柑 toranja

3) kǔguā 苦瓜 cabaço amargo

4) kōngxīncài 空心菜 espinafre de água (tipo de espinafre chinês, com caule longo e oco)

5) huángguā 黄瓜 pepino

6) húluóbù 胡萝卜 cenoura

7) yángcōng 洋葱 cebola
8) yángbáicài 洋白菜 repolho
9) wāndòu 豌豆 ervilha
10) wōsǔn 莴笋 aspargo chinês
11) zhīmá 芝麻 gergelim
12) zhúsǔn 竹笋 broto de bambu
13) cándòu 蚕豆 fava
14) càihuā 菜花 couve-flor

LIÇÃO 15

No restaurante: Parte C

Exercício 1

Escute o diálogo e responda às perguntas a seguir. Primeiro, estude este novo vocábulo:

羊肉 yángròu (carne de carneiro)

A: Cliente 顾客 **gùkè**;

B: Garçom 师傅 **shīfu**

B: 请进，请这边坐。
A: 谢谢。
B: 您吃点儿什么？
A: 你们有什么菜？
B: 鸡，鱼，肉都有。
A: 你们有什么肉？
B: 有猪肉，牛肉，羊肉。
A: 我要一个羊肉。

Responda:

1. O que o cliente pergunta primeiro ao garçom? _____

_____

2. O que o cliente pergunta ao garçom em seguida? _____

_____

3. O que o cliente pede, enfim, para comer? _____

_____

Lição 15 No restaurante: Parte C

Exercício 2

🔘 Escute o diálogo e responda às perguntas a seguir.

Primeiro estude estes novos vocábulos:

茶 chá (chá)   壶 hú (bule)

A: *Cliente* 顾客 **gùkè**;

B: *Garçom* 师傅 **shīfu**

B: 您喝什么？
A: 你们有什么？
B: 我们有啤酒，有汽水。
A: 我不要啤酒。有茶吗？
B: 有茶。
A: 我要一壶茶。

Responda:

1. O que o garçom pergunta ao cliente? _____

2. Qual bebida o garçom oferece? _____

3. O que o cliente pede para beber? _____

No restaurante: Parte C — Lição 15

Exercício 3

É a sua vez de pedir sua refeição em mandarim! Escolha três pratos que você gostaria de pedir no cardápio abaixo. Peça ao garçom ou à garçonete o que você gostaria de comer e depois pergunte quanto ficou a conta.

Exemplo:

A. Garçom/garçonete: 你们吃点儿什么？
Nǐmen chī diǎnr shénme?

B. Cliente: 来一个 …
Lái yí ge….
一共多少钱？
Yígòng duōshao qián?

菜单 Cardápio

素菜 Sùcài

炒素菜 chǎosùcài	¥6.00
炒鸡蛋 chǎojīdàn	¥5.00
素烧豆腐 sùshāo dòufu	¥7.00

肉菜 Ròucài

葱爆牛肉 cōngbào niúròu	¥16.00
炒鸡丁 chǎojīdīng	¥14.00
炒三丁 chǎosāndīng	¥12.00
炒肉片 chǎoròupiàn	¥18.00

Lição 15 — No restaurante: Parte C

Exercício 4

Você vai a um jantar em um restaurante chinês com alguns amigos. Para se preparar, traduza as frases abaixo para o mandarim. Escreva em *pīnyīn* ou ideogramas.

1. Quais pratos você gostaria de pedir? _____

2. Duas pessoas são vegetarianas. Vocês têm pratos vegetarianos?

3. Por favor, traga dois copos de cerveja, um de coca-cola e um de água. (来 **lái** *trazer*) _____

4. Nós gostaríamos de pedir três pratos: um de carne de boi frita com cebolinha, um de peixe e um de vegetais.

5. Senhorita, a conta, por favor. Quanto ficou no total? (一共 **yígòng** *no total*) _____

Gorjetas (小费 xiǎofèi)

Tradicionalmente, não se oferece gorjeta nos restaurantes chineses. No entanto, em restaurantes refinados em hotéis geralmente se acrescenta 15% de serviço na conta.

Tipos de comida na China

Os restaurantes na China se dividem em dois tipos de categorias, chinês (中餐 **zhōngcān**) ou ocidental (西餐 **xīcān**). Existem muitos restaurantes chineses renomados pela gastronomia local. Por exemplo, restaurantes especializados no "pato de Pequim" (北京烤鸭 **Běijīng kǎoyā**) servem a iguaria feita com pato assado na brasa. Restaurantes especializados no "estilo de Sichuan" (四川风味 **Sìchuān fēngwèi**) servem pratos apimentados típicos da província de Sichuan. Restaurantes no "estilo de Guangdong" (粤菜 **Yuècài**) ou **Gǎngcài** (港菜 **Gǎngcài** estilo de Hong Kong) servem *dim sum* e outras iguarias típicas de Guangdong e Hong Kong. Existem também restaurantes vegetarianos nas grandes cidades da China. Um restaurante ocidental comumente serve comida europeia e americana. Restaurantes 韩国烧烤 **Hánguó shāokǎo** oferecem churrasco e outras comidas coreanas, e restaurantes 日本料理 **Rìběn liàolǐ** servem comida japonesa. 家常菜 **Jiā cháng cài** significa "comida caseira", e esse tipo de restaurante normalmente serve comida do estilo da região norte do país.

LIÇÃO

16 Chamadas telefônicas: Parte A

Expressões-chave

怎么给美国打电话？ Zěnme gěi Měiguó dǎdiànhuà?	Como fazer uma ligação para os Estados Unidos?
请告诉她给我回电话。 gàosu tā gěi wǒ huí diànhuà.	Por favor, fale para ela retornar a minha ligação.
您贵姓？ Nín guì xìng?	Qual é o seu sobrenome?
我姓…/我叫… Wǒ xìng…/Wǒ jiào…	Meu sobrenome é…/Meu nome completo é…
您的电话是多少号？ Nínde diànhuà shì duō shǎo hào?	Qual o seu número de telefone?

Vocabulário I · 生词一

Ideogramas	Pīnyīn	Português
怎么	zěnme	como
给	gěi	para (ao dar algo para alguém), dar
美国	Měiguó	Estados Unidos

Chamadas telefônicas: Parte A — Lição 16

Ideogramas	Pīnyīn	Português
打	dǎ	fazer (uma ligação), bater, jogar (bola)
电话	diànhuà	telefone
打电话	dǎ diànhuà	fazer uma chamada telefônica
拨	bō	teclar (um número telefônico)
再	zài	de novo, novamente
地区	dìqū	área, região
号	hào	número, código, tamanho
分	fēn	minuto
分钟	fēnzhōng	minuto
钟	zhōng	hora; sino
太	tài	muito, excessivamente, extremamente
贵	guì	caro, valioso, honrado
用	yòng	usar
电话卡	diànhuàkǎ	cartão telefônico
卡	kǎ	cartão

Ideogramas	Pīnyīn	Português
买	mǎi	comprar
邮局	yóujú	agência dos correios
商店	shāngdiàn	loja
商	shāng	negócio, um sobrenome
店	diàn	loja
卖	mài	vender

Chamadas telefônicas: Parte A — Lição 16

🔊 Diálogo I • 对话一

PERSONAGENS A: Estrangeiro 外国人 *wàiguórén*;
B: Atendente 服务员 *fúwùyuán*

A: 请问,怎么给美国打电话?
Qǐng wèn, zěnme gěi Měiguó dǎ diànhuà?

B: 先拨００１，再拨地区号和电话号。
Xiān bō líng líng yāo[1], zài bō dìqūhào hé diànhuàhào.

A: 多少钱 一分钟?
Duōshǎo qián yì fēnzhōng?

B: 八块。
Bā kuài.

A: 太贵了。
Tài guì le.

B: 用电话卡不太贵。两块四一分钟。
Yòng diànhuàkǎ bú tài guì. Liǎng kuài sì yì fēnzhōng.

A: 在哪儿买?
Zài nǎr mǎi?

B: 邮局和商店都卖。
Yóujú hé shāngdiàn dōu mài.

1. O número "1" em um número telefônico (ou nome de rua etc.) é geralmente pronunciado **yāo** em vez de **yī** (N. T.).

Lição 16 — Chamadas telefônicas: Parte A

Tradução do Diálogo I

A: Com licença, como faço uma ligação para os Estados Unidos?

B: Primeiro disque 001, depois digite o código de área e o número do telefone.

A: Quanto custa por minuto?

B: Oito *yuan*.

A: É muito caro.

B: Usando o cartão telefônico, não é tão caro. Dois *yuan* e quatro *fen* (quarenta centavos) por minuto.

A: Onde compro (o cartão telefônico)?

B: As lojas ou agências dos correios os vendem.

打电话 **dǎ diànhuà** é a única forma de dizer "fazer uma chamada telefônica" em mandarim. É uma construção "verbo + objeto". 打 **dǎ** é um verbo com o significado inicial de "bater", mas é amplamente usado em construções "verbo + objeto" para ações como "fazer uma ligação", "comprar um ingresso" ou "jogar bola".

拨 **bō** (discar) significa literalmente "discar um número telefônico".

先拨 001。 Primeiro disque 001.
Xiān bō líng líng yāo.

Se o aparelho telefônico tiver botões em vez do disco giratório, é melhor dizer 按 **àn** (teclar, apertar, digitar):

请先按 001。 Por favor, primeiro digite 001.
Qǐng xiān àn líng líng yāo.

分钟 **fēnzhōng** (minuto)

分 **fēn** é uma unidade de tempo e significa minuto. 钟 **zhōng** é um substantivo que significa hora ou, como neste caso, "o tempo de acordo com o relógio". 一分钟 **yì fēnzhōng** é *um minuto*. 分 **fēn,** como uma palavra que indica unidade, também é utilizada para dinheiro. Por exemplo, 一分钱 **yì fēn qián** é *um fen*.

卡 **kǎ** é a tradução fonética de *card* (cartão, em inglês). É adicionado em algumas palavras para formar outros substantivos, como 信用卡 **xìnyòngkǎ** (cartão de crédito), 提款卡 **tíquǎnkǎ** (cartão de débito) ou 卡片 **kǎpiàn** (cartão). 卡 **kǎ** é também uma tradução fonética de *"car"* (carro, em inglês), como 卡车 **kǎchē** (caminhão).

Vocabulário II • 生词二

Ideogramas	Pīnyīn	Português
新	xīn	novo, fresco
园	yuán	jardim
宾馆	bīnguǎn	hotel, pensão
喂	wèi	alô (usado para atender chamadas telefônicas ou para chamar a atenção de alguém)
找	zhǎo	dar troco; procurar (e também "eu quero falar com...")

Lição 16 — Chamadas telefônicas: Parte A

Ideogramas	Pīnyīn	Português
谁	shéi/shuí	Quem?
房间	fángjiān	quarto
的	de	(partícula funcional)
她	tā	ela
告诉	gàosu	falar, contar, informar
回	huí	retornar, voltar
贵姓	guì xìng	qual é (seu) caro sobrenome?
姓	xìng	sobrenome
叫	jiào	chamar-se, chamar
您的	nín de	seu(s), sua(s) (formal)
我的	wǒ de	meu(s), minha(s)
不客气。	bú kèqi	De nada.
新园宾馆	Xīnyuán Bīnguǎn	Hotel Xinyuan

Chamadas telefônicas: Parte A — Lição 16

Ideogramas	Pīnyīn	Português
马丽莎	Mǎ Lìshā	(nome de uma pessoa)
护照	hùzhào	passaporte

🔊 Diálogo II · 对话二

PERSONAGENS A: Estrangeira 外国人 **wàiguórén**;
B: Recepcionista de hotel 服务员 **fúwùyuán**

A: 喂,是新园宾馆吗?
Wèi, shì Xīnyuán Bīnguǎn ma?

B: 是,您找谁?
Shì, nín zhǎo shéi?

A: 我找314房间的马丽莎。
Wǒ zhǎo sān yāo sì fángjiān de Mǎ Lìshā[1].

B: 她不在。
Tā bú zài.

A: 请告诉她给我回电话。
Qǐng gàosu tā gěi wǒ huí diànhuà.

B: 请问您贵姓?
Qǐng wèn, nín guì xìng?

---

1 丽莎 **Lìshā** é a pronúncia em mandarim para o nome "Lisa". (N. T.)

A: 我姓商,叫商美英。
Wǒ xìng Shāng, jiào Shāng Měiyīng.

B: 您的电话是多少号？
Nínde diànhuà shì duōshǎo hào?

A: 我的电话是 6725-4831。谢谢！
Wǒde diànhuà shì liù qī èr wǔ–sì bā sān yāo. Xièxie!

B: 不客气。
Búkèqi.

Tradução do Diálogo II

A: Alô. É do Hotel Xinyuan?

B: Sim. Com quem você gostaria de falar?

A: Quero falar com Ma Lisha, do quarto 314.

B: Ela não está.

A: Por favor, peça para ela retornar a ligação.

B: Qual é o seu sobrenome?

A: Meu sobrenome é Shang, e meu nome completo é Shang Meiying.

B: Qual é o seu número de telefone?

A: Meu telefone é 6725-4831. Obrigado.

B: De nada.

Chamadas telefônicas: Parte A — Lição 16

她 **tā** (ela)
Em chinês contemporâneo, o pronome 她 **tā** significa "ela", 他 **tā** significa "ele", e 它**tā** é o neutro (usado para animais e objetos). Tradicionalmente, no entanto, todos os pronomes em Chinês tinham um gênero neutro, não havia diferença entre a forma masculina ou feminina. 她 **tā** é um ideograma novo, criado somente no século XX, quando intelectuais chineses optaram por traduzir "ela" de línguas ocidentais. Muitas pessoas ainda escrevem 他 se referindo tanto a homem quanto mulher.

Pronunciando números telefônicos
Na China, você deve falar cada dígito de um número telefônico separadamente. Por exemplo, 800 é falado "oito, zero, zero" (e não "oitocentos"), e 3.159 é falado "três, um, cinco, nove" (e não "trinta e um, cinquenta e nove"). Lembre-se de que, ao ler um número telefônico, "1" é pronunciado **yāo** em vez de **yī**.

Cartões telefônicos

Os dois tipos básicos de cartões telefônicos na China são chamados de cartões "IC" e cartões "IP". Os cartões "IC" são aceitos apenas por telefones públicos especiais, chamados **cíkǎ diànhuà** (telefones magnéticos). O custo é o mesmo de outros telefones públicos, com uma taxa para chamadas de longa distância. Você pode comprar um cartão IC em agências dos correios, lojas de departamento e grandes hotéis. Você não pode usar um cartão IC para fazer chamadas em residências ou quartos de hotel.

▶

Lição 16 — Chamadas telefônicas: Parte A

O cartão telefônico "IP", ou "200", pode ser usado para fazer chamadas em residências ou quartos de hotel. Eles podem ser usados tanto para chamadas locais quanto para de longa distância. Eles são muito mais baratos para chamadas internacionais do que qualquer outro método. Você pode comprá-lo em lojas, agências dos correios e hotéis. Antes de usar o cartão, você deve raspar a área correspondente ao código. Na próxima página, você pode ver o típico cartão telefônico 200 (IP). Você pode ler abaixo as instruções traduzidas, que ficam no verso de um típico cartão.

Como fazer uma chamada telefônica:

- Pegue o telefone e digite 200;
- Digite (1) para mandarim; (2) para cantonês; (3) para inglês;
- Digite o número do cartão;
- Digite o código do cartão;
- Digite (1) para longa distância; (2) para conferir o saldo dos minutos; (3) para mudar o código;
- Desligue.

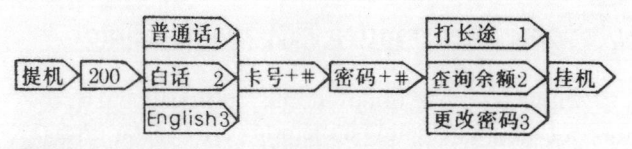

Chamadas telefônicas: Parte A — Lição 16

```
使用方法                    有效期 95.12.31

                 ┌普通话 1┐
 ┌提机┐→200→ │ 白话  2 │→卡号+#→密码+#→┌打长途   1┐→挂机
                 │        │                    │查询余额 2│
                 └English 3┘                  └更改密码 3┘

说明:
1.保密处理:请您挂机后重新提机按任一键
2.按*键可取消输错的卡号或密码
3.语言选择后,可不听提示语直接操作
4.全省联网后异地使用时卡号为17550+现有卡号
5.遗忘密码处理:请拨电话9686800208

  咨询电话:8818272  9686800200
```

Verso de um típico cartão telefônico IC ou 200.

LIÇÃO 17

Chamadas telefônicas: Parte B

O pronome interrogativo 怎么 zěnme (como)

怎么 **zěnme** (como) é um pronome interrogativo usado para perguntar a maneira ou método para realizar uma ação. 怎么 **zěnme** deve ser colocado antes do verbo principal de uma frase:

怎么换钱？ Zěnme huàn qián?	Como trocar dinheiro?
这个怎么卖？ Zhè ge zěnme mài?	Como vender isto? (Quanto custa isto?)

Se houver uma locução prepositiva antes do verbo principal, 怎么 **zěnme** deve ser posicionado antes da preposição:

怎么给美国打电话？ Zěnme gěi Měiguó dǎ diànhuà?	Como fazer uma chamada telefônica para o Brasil?

A preposição 给 gěi (para)

Na frase 给美国打电话 **gěi Měiguó dǎ diànhuà** (fazer uma chamada telefônica para o Brasil), 给 **gěi** (para) é a preposição da locução 给美国 **gěi Měiguó** (para o Brasil) que deve ser posicionada antes do verbo principal 打 **dǎ**. Nesse contexto, 给 **gěi** pode introduzir tanto um lugar quanto uma pessoa:

给中国打电话 gěi Zhōngguó dǎ diànhuà	fazer uma chamada telefônica para a China

▶

给北京打电话 gěi Běijīng dǎ diànhuà	fazer uma chamada telefônica para Pequim
给你打电话 gěi nǐ dǎ diànhuà	ligar para você

先 xiān … 再 zài … (primeiro... depois...)

先 **xiān**… 再 **zài**… é usado para descrever duas ações ou fatos que acontecem em sucessão. 先 **xiān** é usado antes da primeira ação ou evento; 再 **zài** é usado antes da segunda:

先买电话卡，再打电话。 Xiān mǎi diànhuàkǎ, zài dǎ diànhuà.	Primeiro compre um cartão telefônico, depois faça a chamada telefônica.

太 tài … 了 le (muito, excessivamente, extremamente)

太 **tài** é um advérbio que modifica um adjetivo ou um verbo e é usado para expressar maior grau ou amplitude. Deve ser posicionado imediatamente antes do adjetivo ou do verbo. 太 **tài** … 了 **le** é uma estrutura que pode ser usada com qualquer adjetivo e, em português, pode ser traduzida como "que …!" (como em "Que legal!"). Por exemplo:

太好了! Tài hǎo le!	Que ótimo!
太多了! Tài duō le!	É demais (em quantidade)!
太客气了! Tài kèqi le!	Que educado!

Se o adjetivo for positivo, como nos exemplos anteriores, 了 **le** é necessário. Entretanto, se o adjetivo for depreciativo, você pode simplesmente inserir 太 **tài** antes, e o uso do 了 **le** é opcional. Por exemplo, tanto 太贵了 **tài guì le** (muito caro) quanto 太贵 **tài guì** (muito caro) são aceitáveis.

Lição 17 — Chamadas telefônicas: Parte B

A partícula 的 *de*

的 **de** é uma partícula funcional que possui muitos usos diferentes em chinês. Você vai estudar duas funções de 的 **de** nesta lição.

A. 的 **de** como um marcador de modificação:

的 **de** é usado com frequência após uma palavra, expressão ou oração, formando uma expressão com 的 **de** que modifica um substantivo. 的 **de** é usado como "quem", "o que" ou "que" das orações subordinadas do português.

我找314房间的马丽莎。 Wǒ zhǎo sān yāo sì fángjiān de Mǎ Lìshā.	Eu procuro Ma Lisha, que está no quarto 314.

B. 的 **de** demonstrando posse:

Adicionando 的 **de** depois de um pronome ou um substantivo resulta em uma expressão de posse.

您的 nínde	seu(s), sua(s) (formal)
我的 wǒde	meu(s), minha(s)
你的 nǐde	seu(s), sua(s) (informal)
那是我的，不是你的。 Nà shì wǒde, búshì nǐde.	Aquilo é meu, não é seu.

Verbo 在 zài (estar)

马小姐在吗？ **Mǎ Xiǎojie zài ma?** é um modelo de expressão que significa "A senhora Ma está?", no qual 在 **zài** é usado como o verbo "estar" em português quando não há nenhuma palavra indicando lugar em seguida. A palavra indicativa de lugar é omitida porque o contexto deixa claro que o lugar é 这儿 **zhèr** (aqui) ou 那儿 **nàr** (lá). A resposta negativa é 她不在 **Tā bú zài.** (Ela não está aqui/lá).

Você já aprendeu 在 **zài** como uma preposição. Você pode identificar 在 **zài** como preposição, e não um verbo, quando houver um verbo principal na frase, e, antes do verbo principal, 在 **zài** for seguido de uma palavra indicando lugar: 在 **zài** + lugar + verbo. Veja um exemplo de 在 **zài** como preposição:

我在银行换钱。 Eu troco dinheiro no banco.
Wǒ zài yínháng huàn qián.

您贵姓？ *Nín guì xìng? (Qual é o seu sobrenome?)*

您贵姓？ **Nín guì xìng?** (Qual é o seu sobrenome?) é uma forma educada de perguntar o sobrenome de alguém. É uma expressão fixa, especialmente quando se usa 您 **nín** (você), a versão formal de 你 **nǐ**. 贵 **guì** significa "caro", mas aqui significa honrado, e modifica o significado de 姓 **xìng** (sobrenome). 您贵姓 **Nín guì xìng?** (Qual é o seu sobrenome?) é entendido como uma pergunta que não possui pronome ou partícula interrogativa.

A resposta é: 我姓 ... **Wǒ xìng** ... (Meu sobrenome é...).

姓 xìng *(sobrenomear, sobrenome)*

Geralmente, 姓 **xìng** funciona como um verbo. Desse modo, em uma pergunta, 姓 **xìng** pode ser seguido de 什么 **shénme** (o que), e na resposta será seguido por algum sobrenome chinês.

您姓什么？ Nín xìng shénme?	Qual o sobrenome do(a) senhor(a)?
我姓商。 Wǒ xìng Shāng.	Meu sobrenome é Shang.

A forma negativa é 不姓 **bú xìng**:

我不姓商;我姓张。 Wǒ bú xìng Shāng; wǒ xìng Zhāng.	Meu sobrenome não é Shang, meu sobrenome é Zhang.

Alguma vezes, 姓 **xìng** pode atuar como substantivo, significando "sobrenome".

欧阳是我的姓 Ōuyáng shì wǒde xìng.	Ouyang é meu sobrenome.

Chamadas telefônicas: Parte B — Lição 17

Como

怎么 **zěnme** (como) deve vir antes do verbo principal. Se houver uma locução prepositiva antes do verbo principal, 怎么 **zěnme** deve ser posicionado antes da locução prepositiva. Por exemplo: 怎么给美国打电话？ **Zěnme gěi Měiguó dǎ diànhuà?** (Como fazer uma chamada telefônica para o Brasil?).

Pratique fazer perguntas com 怎么 **zěnme**:

Zěnme	*Verbo*	*Objeto*
怎么	打	电话？
Zěnme	dǎ	diànhuà?

Como fazer chamadas telefônicas?

换	钱
huàn	qián
买	电话卡
mǎi	diànhuàkǎ
炒	鸡丁
chǎo	jīdīng
买	饭票
mǎi	fànpiào (vale-refeição)
用	这个
yòng	zhè ge
要	买单
yào	mǎidān

Lição 17 Chamadas telefônicas: Parte B

Primeiro... depois

先 **xiān** ...再 **zài** (primeiro... depois) é usado para organizar duas ações ou fatos que ocorrem em sucessão. 先 **xiān** introduz a primeira ação ou fato e 再 **zài** introduz a segunda. Pratique formar frases com esta estrutura.

Xiān	*Verbo*	*Objeto*	*zài*	*Verbo*	*Objeto*
先	拨	地区号,	再	拨	电话号。
Xiān	bō	dìqūhào,	zài	bō	diànhuàhào.

Primeiro digite o código de área, depois digite o número de telefone.

	买	电话卡,		打	电话。
	mǎi	diànhuàkǎ,		dǎ	diànhuà
	拨	0 0 1,		拨	10。
	bō	línglíngyāo,		bō	yī líng
	换	人民币,		买	饭票。
	huàn	Rénmínbì,		mǎi	fànpiào
	找	你,		找	马丽莎。
	zhǎo	ní,		zhǎo	Mǎ Lìshā
	喝	啤酒,		吃	饭。
	hē	píjiǔ,		chī	fàn

Chamadas telefônicas: Parte B — Lição 17

Para

A preposição 给 **gěi** (para) é posicionada antes do verbo principal na frase e geralmente vem junto de uma palavra indicando um lugar ou uma pessoa.
Pratique as frases abaixo com 给 **gěi**:

Sujeito	gěi + lugar ou pessoa	Verbo	Objeto
我 Wǒ	给她 gěi tā	买 mǎi	电话卡。diànhuàkǎ.

Eu compro um cartão telefônico para ela.

您 nín	给商店 gěi shāngdiàn	打 dǎ	电话。diànhuà
她 tā	给美国 gěi Měiguó	回 huí	电话。diànhuà
我 wǒ	给你 gěi nǐ	买 mǎi	咖啡。kāfēi
她 tā	给你 gěi nǐ	炒 chǎo	鸡蛋。jīdàn

Demais

太 **tài** … 了 **le** (muito, excessivamente, extremamente…) é uma estrutura formada por um adjetivo entre 太 **tài** e 了 **le** para expressar um determinado sentimento.

Tài	Adj	le
太 Tài	贵 guì	了。le.

É muito caro./Que caro!

▶

Pratique formar novas frases com este modelo usando os adjetivos abaixo.

好
hǎo

多
duō

少
shǎo

客气
kèqi

Indicando posse com 的 de

Pratique o uso do possessivo com pronome pessoal ou substantivo seguido por 的 **de**:

Sujeito	*Verbo*	*Objeto*
这	是	您的房间。
Zhè	shì	nínde fángjiān.

Este é seu quarto.

我的电话号
wǒde diànhuàhào

您的电话卡
nínde diànhuàkǎ

宾馆的电话
bīnguǎn de diànhuà

你的八百三十块人民币
nǐde bā bǎi sānshí kuài Rénmínbì

我的护照
wǒde hùzhào (passaporte).

Chamadas telefônicas: Parte B — Lição 17

在 zài (estar)

她不在 **Tā bú zài.** (Ela não está.) é um padrão de expressão que utiliza 在 **zài** como um verbo que não antecede palavra indicando lugar na sequência.

Pergunta			*Resposta*
Sujeito	*zài*	*ma*	*Resposta negativa/afirmativa*
马小姐	在	吗？	不在。/ 在。
Mǎ Xiǎojie	zài	ma?	Búzài. / Zài.
A srta. Ma está?			*Não está./Está.*

Pratique o modelo usando os sujeitos abaixo:

王老师
Wáng Lǎoshī
(professor)

黄经理
Huáng Jīnglǐ
(gerente)

主任
zhǔrèn
(diretor de um negócio)

校长
xiàozhǎng
(diretor de escola)

翻译
fānyì (tradutor)

Lição 17　　　　　　　　　　　　　Chamadas telefônicas: Parte B

Procurar

找 **zhǎo** (procurar) também é frequentemente utilizado para expressar "Eu quero falar com... (pelo telefone)", "Eu quero ver... (alguém, em uma visita)". Pratique de acordo com o seguinte modelo:

Pergunta			*Resposta*		
Suj.	*Verbo*	*Int.*	*Suj.*	*Verbo*	*Objeto*
您	找	谁？	我	找	马 小姐。
Nín	zhǎo	shéi?	Wǒ	zhǎo	Mǎ xiǎojie.
Quem você procura?			*Eu procuro pela srta. Ma.*		
			我		黄小姐
			wǒ		Huáng xiǎojie
			他		美国人
			tā		Měiguórén
			外国人		翻译
			wàiguórén		fānyì (tradutor)
			她经		理
			tā		jīnglǐ (gerente)
			我		王老师
			wǒ		Wáng lǎoshī (professor Wang)

Chamadas telefônicas: Parte B — Lição 17

Qual o seu sobrenome?

Quando encontrar um chinês pela primeira vez, use o modo formal para perguntar o sobrenome dele: 您贵姓？ **Nín guì xìng?** *(Qual é o seu sobrenome?).*
A resposta será: 我姓 **Wǒ xìng** ... *(meu sobrenome é...).*

Pergunta				*Resposta*		
Qǐng wèn	Suj.	Int.		Suj.	**xìng**	Sobrenome
请问,	您	贵姓？		我	姓	商。
Qǐng wèn	nín	guì xìng?		Wǒ	xìng	Shāng.
Com licença, qual o seu sobrenome?				*Meu sobrenome é Shāng.*		

Pratique perguntas e respostas de acordo com esse modelo, usando os seguintes sobrenomes:

Pergunta			*Resposta*		
Qǐng wèn	Suj.	Int.	Suj.	**xìng**	Sobrenome
					钱 Qián
					张 Zhāng
					马 Mǎ
					江 Jiāng
					王 Wáng

Quando perguntar pelo nome completo, diga: 您叫什么？ **Nín jiào shénme?** *(Qual o seu nome completo?).*
A resposta deverá ser: 我叫 **Wǒ jiào** ...

Pergunta				*Resposta*		
Qǐng wèn	Suj.	**jiào**	Int.	Suj.	**jiào**	Nome completo
请问,	您	叫	什么？	我	叫	商美英。
Qǐng wèn	nín	jiào	shénme?	Wǒ	jiào	Shāng Měiyīng.
Com licença, qual o seu nome completo?				*Eu me chamo Shāng Měiyīng.*		

Lição 17 — Chamadas telefônicas: Parte B

Pratique perguntas e respostas com este modelo usando os sujeitos e os nomes abaixo:

Suj. da pergunta	Suj. da resposta	Nome completo
你 nǐ	我 wǒ	王民 Wáng Mín
他 tā	他 tā	张丁 Zhāng Dīng
她 tā	她 tā	李美 Lǐ Měi
那个人 nà ge rén	那个人 nà ge rén	吴用 Wú Yòng

Nota de pronúncia
Como pronunciar a inicial "r"

A inicial "r", em português, tem diferentes pronúncias, conforme sua posição em uma palavra e de acordo com os sotaques das diferentes regiões do Brasil. Em chinês, a inicial "r" é pronunciada "enrolando" a língua para cima, tocando a parte do céu da boca próxima aos dentes superiores; você sentirá o ar vibrando ao redor da sua língua. Podemos comparar o som da inicial "r" em mandarim com o som de "r" no final de sílaba ou palavra dos sotaques do interior do estado de São Paulo e de Minas Gerais.

Pīnyīn	*Ideogramas*	*Português*
rè	热	quente, calor
rén	人	pessoa, gente
Rìběn	日本	Japão

Chamadas telefônicas: Parte B Lição 17

Exercícios de pronúncia

🔊 Leia as palavras abaixo em voz alta. Fique atento à pronúncia da inicial "r".

Pīnyīn	*Ideogramas*	*Português*
1) ràng	让	permitir
2) rè	热	quente, calor
3) rèshuǐ	热水	água quente
4) rén	人	pessoa, humano
5) réngjiù	仍旧	ainda
6) suīrán	虽然	apesar de
7) rènao	热闹	agitado, movimentado
8) rénkǒu	人口	população
9) dǎrǎo	打扰	incomodar
10) wūrǎn	污染	poluição

🔊 Leia as palavras abaixo em voz alta. Estas palavras podem ajudar a praticar sua pronúncia enquanto você aprende a falar o nome de algumas profissões comuns na China.

a. Serviços

1) xiǎojie 小姐 garçonete, atendente mulher
2) fúwùyuán 服务员 atendente
3) shīfu 师傅 ("mestre") garçom, motorista, cozinheiro
4) chúshī 厨师 cozinheiro
5) yíngyèyuán 营业员 empregado

6) shòuhuòyuán 售货员 vendedor(a)
7) lǐfàshī 理发师 barbeiro
8) ménwèi 门卫 / kānménde 看门的 porteiro
9) sījī 司机 motorista
10) shòupiàoyuán 售票员 cobrador, bilheteiro

b. Educação

1) yuànzhǎng 院长 reitor, diretor (de instituto)
2) xiàozhǎng 校长 presidente, diretor(a) (de escola)
3) jiàoshòu 教授 professor(a) universitário
4) lǎoshī 老师 professor(a)
5) jiàoshī 教师 professor(a)
6) xuésheng 学生 estudante, aluno(a)
7) dàxuésheng 大学生 estudante universitário
8) jiāzhǎng 家长 pais
9) zhōngxuésheng 中学生 estudante do ensino médio
10) kēxuéjiā 科学家 cientista
11) xiǎoxuésheng 小学生 estudante de ensino fundamental

Chamadas telefônicas: Parte B — Lição 17

Placa de um telefone público IP.
Você consegue reconhecer algum desses ideogramas?

LIÇÃO

18 Chamadas telefônicas: Parte C

Exercício 1

Escute o CD e preencha os campos abaixo em *pīnyīn* com o que você entender.

1)_____ 2)_____ 3)_____
4)_____ 5)_____ 6)_____
7)_____ 8)_____ 9)_____
10)_____ 11)_____ 12)_____
13)_____ 14)_____ 15)_____

Exercício 2

Leia o diálogo e responda às perguntas a seguir.

A: *Estrangeiro* 外国人 **wàiguórén**;

B: *Recepcionista de hotel* 服务员 **fúwùyuán**

A: 请问，给美国打电话多少钱一分钟？
B: 给美国打电话三块五一分钟。
A: 给日本打电话多少钱一分钟？
B: 给日本打电话两块钱一分钟。
A: 用电话卡是不是便宜一点儿？
B: 是，用电话卡便宜。
A: 好.谢谢。
B: 不谢。

Chamadas telefônicas: Parte C — Lição 18

Perguntas:

1. Qual é a tarifa para uma ligação para os Estados Unidos?
   _____

2. Qual a tarifa para uma ligação para o Japão? _____
   _____
   _____

3. Qual a forma mais econômica para fazer a chamada?_____
   _____

Exercício 3

Escute as palavras no CD e escreva abaixo em *pīnyīn*.

1) _____
2) _____
3) _____
4) _____
5) _____
6) _____
7) _____
8) _____
9) _____
10) _____

Lição 18 — Chamadas telefônicas: Parte C

Exercício 4

Preencha as lacunas com o classificador apropriado.

张	个	杯	瓶	块
zhāng	gè	bēi	píng	kuài

1) 我买一 _____ IP卡。

   Wǒ mǎi yì _____ kǎ.

2) 我换一百 _____ 钱。

   Wǒ huàn yìbǎi _____ qián.

3) 你要什么菜？我要一 _____ 鸡，三 _____ 馒头。

   Nǐ yào shénme cài? Wǒ yào yí _____ jī, sān _____ mántou.

Exercício 5

Preencha os campos abaixo com o pronome ou partícula interrogativa correta:

多少	哪儿	什么	谁	吗
duōshao	nǎr	shénme	shéi	ma

1) 一共 _____ 钱？

   Yígòng _____ qián?

2) 在 _____ 买电话卡？

   Zài _____ mǎi diànhuàkǎ?

3) 你们有 _____ 菜？

   Nímen yǒu _____ cài?

4) 请问，马丽莎在 _____ ？

   Qǐng wèn, Mǎ Lìshā zài _____ ?

Chamadas telefônicas: Parte C — Lição 18

Exercício 6

Você ficará hospedado em um hotel na China e quer fazer uma ligação para o Brasil. Para se preparar, traduza as frases abaixo para o mandarim. Escreva suas traduções em *pīnyīn* ou em ideogramas.

1) Como eu faço uma chamada telefônica para o Brasil?
   _____
   _____

2) Qual número eu devo digitar primeiro? _____
   _____
   _____

3) Quanto custa a chamada para o Brasil por minuto? ___
   _____
   _____
   _____

4) É muito caro. Onde eu posso comprar um cartão telefônico? _____
   _____
   _____

Nomes chineses

A ordem dos nomes chineses é diferente do português: o sobrenome vem primeiro e o nome vem depois. Os sobrenomes chineses geralmente são compostos por um ideograma, como: **Zhào** 赵, **Qián** 钱, **Sūn** 孙, **Lǐ** 李, **Zhōu** 周, **Wú** 吴, **Zhèng** 郑 e **Wáng** 王. Também existem sobrenomes com dois ideogramas, como **Ōuyáng** 欧阳, **Sīmǎ** 司马 e **Shàngguān** 上官. Os nomes chineses também possuem um ou dois ideogramas, geralmente.

Na China moderna, as mulheres não utilizam o sobrenome da família do marido depois de casadas.

Telefones públicos

Existem telefones públicos pelas ruas, estações de trem e lojas. Procure por anúncios com 公用电话 **gōngyòng diànhuà** (telefone público). Existem telefones públicos que funcionam com moeda e com cartão magnético, mas a maioria tem um atendente para quem você paga pela ligação após concluí-la. Você também pode fazer ligações de longa distância em telefones públicos por uma taxa adicional.

LIÇÃO
No hotel: Parte A
19

🔊 Expressões-chave

你住哪个房间？ Nǐ zhù nǎ ge fángjiān?	Em qual quarto você está hospedado?
我需要…. Wǒ xūyào….	Eu preciso...
请等一会儿。 Qǐng děng yí huìr.	Por favor, aguarde um momento.
能换床单吗？ Néng huàn chuángdān ma?	Pode trocar a minha roupa de cama?
…坏了。 …huài le.	O(A) ... está quebrado(a)/ estragado(a).

🔊 Vocabulário I • 生词一

Ideogramas	Pīnyīn	Português
需要	xūyào	precisar, necessitar
条	tiáo	classificador para coisas/objetos longos e estreitos
毛巾	máojīn	toalha

▶

Lição 19 — No hotel: Parte A

Ideogramas	Pīnyīn	Português
块	kuài	pedaço, classificador para coisas/objetos em pedaços ou blocos
肥皂	féizào	sabão; sabonete
衣架	yījià	cabide
住	zhù	morar
哪个	nǎge	Qual?
送	sòng	levar, enviar
去	qù	ir (se colocado depois de outro verbo, indica uma ação direcionada para longe daquele que fala)
卫生纸	wèishēngzhǐ	papel higiênico
等	děng	aguardar, esperar
一会儿	yí huìr	em um momento/instante, daqui a pouco, brevemente, em breve

No hotel: Parte A   Lição 19

💿 Diálogo I · 对话一

PERSONAGENS A: Hóspede 房客 *fángkè*;
B: Recepcionista do hotel 服务员 *fúwùyuán*

A: 小姐，我需要两条毛巾，一块肥皂，三个衣架。
Xiǎojie, wǒ xūyào liǎng tiáo máojīn, yí kuài féizào, sān ge yījià.

B: 你住哪个房间？
Nǐ zhù nǎ ge fángjiān?

A: 405 房间。
Sì líng wǔ fángjiān.

B: 我 给你送去。
Wǒ gěi nǐ sòng qù.

A: 我还要卫生纸。
Wǒ hái yào wèishēngzhǐ.

B: 我等一会儿 送去。
Wǒ děng yí huìr sòng qù.

A: 谢谢！
Xièxie!

B: 不客气。
Búkèqi.

Tradução do Diálogo I

A: Senhorita, eu preciso de duas toalhas, um sabonete e três cabides.

B: Qual é o seu quarto?

151

A: Quarto 405.

B: Eu vou levar para você.

A: Eu também preciso de papel higiênico.

B: Eu vou levar em um instante.

A: Obrigado!

B: De nada.

Como ler os números:

Um numeral de dois dígitos é pronunciado por completo, com as unidades (e não dígito a dígito). Por exemplo:

18	shíbā
22	èrshí èr
96	jǐushí liù

Um número de três dígitos pode ser pronunciado por completo, com as unidades, ou pode ser pronunciado dígito a dígito:

405	sì bǎi líng wǔ *ou* sì líng wǔ
713	qī bǎi yīshísān *ou* qī yī sān

Um número de quatro ou mais dígitos pode ser pronunciado por completo, com as unidades, ou pode ser pronunciado dígito a dígito:

17,924	yí wàn qī qiān jiǔ bǎi èrshísì
2002	èr líng líng èr
2,000	èr líng líng líng *ou* liǎng qiān

给 **gěi** é uma preposição que significa "para" ou "a". É utilizada na entrega ou na transferência de algo para alguma pessoa. Outro uso é quando se diz que algo é feito a favor ou em benefício de uma pessoa. Por exemplo:

我 给 你 送 去。　　Eu vou levar para você.
Wǒ gěi nǐ sòng qù.

No hotel: Parte A — Lição 19

É diferente de usar 给 **gěi** como verbo significando *dar*.

Quando 送 **sòng** significa "entregar", "enviar", a pessoa que realiza a ação de entregar deve carregar o objeto a um determinado lugar. A distância da entrega pode ser longa ou curta. Entretanto, note que se alguém enviar uma carta pelo correio, o verbo "enviar" é 寄 **jì** e não 送 **sòng**.

Vocabulário II · 生词二

Ideogramas	Pīnyīn	Português
能	néng	poder (ser capaz de)
打扫	dǎsǎo	limpar, varrer
你的	nǐde	seu(s), sua(s)
再来	zài lái	vir novamente, de novo
现在	xiànzài	agora, no presente (palavra que expressa tempo quando colocada antes do verbo em uma frase)
可以	kěyǐ	poder (ser possível, ser permitido)
床单	chuángdān	roupa de cama
床	chuáng	cama

Ideogramas	Pīnyīn	Português
厕所	cèsuǒ	banheiro, vaso sanitário
坏	huài	mau, ruim, quebrado, estragado
坏了	huài le	ficar fora de serviço, quebrar ou estragar
灯	dēng	lâmpada
修	xiū	consertar

🔊 *Diálogo II* · 对话二

PERSONAGENS A: *Hóspede* 房客 ***fángkè***;
B: *Camareira do hotel* 服务员 ***fúwùyuán***

A: 谁？请等一会儿。
Shéi? Qǐng děng yí huìr.

B: 能打扫你的房间吗？
Néng dǎsǎo nǐde fángjiān ma?

A: 请等一会儿再来。
Qǐng děng yí huìr zài lái.

* * *

A: 小姐,现在可以打扫我的房间了。请换床单。
Xiǎojie, xiànzài kěyǐ dǎsǎo wǒde fángjiān le. Qǐng huàn chuángdān.

B: 好。
Hǎo.

A: 我的厕所坏了,灯也坏了。
Wǒde cèsuǒ huài le, dēng yě huài le.

B: 一会儿给你修。
Yí huìr gěi nǐ xiū.

Lição 19 — No hotel: Parte A

Tradução do Diálogo II

A: Quem é? Um momento, por favor.

B: Posso limpar o seu quarto?

A: Por favor, volte daqui a pouco.

* * *

A: Senhorita, agora você pode limpar o meu quarto. Por favor, troque a roupa de cama.

B: Ok.

A: O vaso sanitário quebrou, e a lâmpada também quebrou.

B: Vamos consertar para você em breve.

LIÇÃO 20

No hotel: Parte B

Classificadores 条 tiáo (objetos longos e finos) e 块 kuài (pedaço)

条 **tiáo** é o classificador para coisas ou objetos com forma longa e estreita, como:

两条毛巾 liǎng tiáo máojīn	duas toalhas
一条鱼 yì tiáo yú	um peixe
一条街 *ou* 一条路 yì tiáo jiē *ou* yì tiáo lù	uma rua
一条裤子 yì tiáo kùzi	uma calça

块 **kuài** é o classificador de pedaço ou fatia, como:

一块饼 yí kuài bǐng	um pedaço de biscoito ou bolinho
一块肉 yí kuài ròu	um pedaço de carne
一块糖 yí kuài táng	um pedaço de doce
一块肥皂 yí kuài féizào	uma barra de sabão

Você já aprendeu que 块 **kuài** é usado coloquialmente como classificador de dinheiro (一块钱 **yí kuài qián**, *um yuán*). Antigamente, o dinheiro chinês era feito com pedaços de metal.

Complementos de direção simples 去 qù (para longe)/ 来 lái (para perto)

Os complementos de direção simples 去 **qù** (para longe) e 来 **lái** (para perto) geralmente seguem um verbo para demonstrar a direção da ação relacionada àquele que fala. "Verbo principal + 去 **qù**" indica que a ação do verbo principal é direcionada para longe de quem fala, enquanto "verbo principal + 来 **lái**" indica que a ação do verbo principal é direcionada para perto de quem fala.
Por exemplo: 送去 **sòng qù** (enviar) é uma locução composta por dois verbos em série. 送 **sòng** é o verbo principal e 去 **qù** é o verbo secundário, um complemento de direção simples.

O advérbio 一会儿 yí huìr (um momento)

等一会儿 **děng yí huìr** pode significar tanto "esperar um momento" quanto simplesmente "um momento". Por exemplo, 请等一会儿再来 **Qǐng děng yí huìr zài lái** significa "Por favor, espere um momento e venha de novo".

Os verbos auxiliares 能 néng (ser capaz de) e 可以 kěyǐ (poder)

Nos diálogos da Lição 19, tanto 能 **néng** quanto 可以 **kěyǐ** são usados com o significado de "poder (ser possível fazer algo)". Eles são posicionados antes do verbo:

能打扫你的房间吗？   Posso limpar o seu quarto?
Néng dǎsǎo nǐde fángjiān ma?

▶

你可以打扫我的房间了。 Você pode limpar o meu
Nǐ kěyǐ dǎsǎo wǒde fángjiān le. quarto agora.

Em outras circunstâncias, 能 **néng** (ser capaz de) se relaciona com a capacidade física de fazer algo, enquanto 可以 **kěyǐ** (poder) se relaciona com ter permissão ou ser possível fazer algo.

可以打电话吗？ Posso fazer uma chamada
Kěyǐ dǎ diànhuà ma? telefônica?

你不能打电话。电话坏了。 Você não pode fazer uma
Nǐ bùnéng dǎ diànhuà. chamada telefônica. O tele-
Diànhuà huài le. fone está quebrado.

A forma negativa tanto de 能 **néng** quanto de 可以 **kěyǐ** é formada por 不 **bù**: 不能 **bùnéng** significa "não ser capaz", e 不可以 **bù kěyǐ** significa "não ser permitido" ou "não ser possível". Entretanto, note que 能 **néng** e 可以 **kěyǐ** geralmente são utilizados de forma ambígua nos diálogos da Lição 19. Você vai se deparar com situações em que 不能打电话 **bùnéng dǎ diànhuà** e 不可以打电话 **bù kěyǐ dǎ diànhuà** podem ser substituídos mutuamente.

A partícula 了 le: uma nova situação

Você já aprendeu que a partícula 了 **le** seguindo um verbo indica que a ação já foi concluída. 了 **le** não indica passado ou presente, mas enfatiza que a ação foi finalizada.
Nesta lição, a partícula 了 **le** no final da frase (ou depois de um adjetivo) indica uma mudança ou uma nova situação.
现在可以打扫我的房间了 **Xiànzài kěyǐ dǎsǎo wǒde fángjiān le** (Pode limpar o meu quarto agora) literalmente significa que "agora é o tempo em que passa a ser possível

Lição 20 — No hotel: Parte B

limpar o meu quarto" (mas que, antes disso, não era possível). 我的厕所坏了 **Wǒde cèsuǒ huài le** (meu vaso sanitário quebrou) significa que "agora há algo errado com o vaso sanitário" (mas antes, funcionava bem).

Classificadores

Utilize a estrutura da frase abaixo para fazer perguntas usando os classificadores.

Sujeito	Verbo	Número	Classificador	Objeto
我	需要	一	条	毛巾。
Wǒ	xūyào	yì	tiáo	máojīn.

Eu preciso de uma toalha.

		Número	Classificador	Objeto
		一 yí	块 kuài	肥皂 féizào
		两 liǎng	个 ge	衣架 yījià
		一 yì	瓶 píng	水 shuǐ
		三 sān	个 ge	杯子 bēizi
		一 yì	卷 juǎn	卫生纸 wèishēngzhǐ
		一 yì	条 tiáo	床单 chuángdān
		一 yí	个 ge	房间 fángjiān
		一 yí	个 ge	灯 dēng

No hotel: Parte B Lição 20

Em que quarto você está (hospedado)?

你住哪个房间 **Nǐ zhù nǎ ge fángjiān?** (Em que quarto você está hospedado?) é uma pergunta comum que um recepcionista de hotel fará a você, quando pedir para que mandem algo ao seu quarto.

Pergunta				*Resposta*		
Suj.	Verbo	Int.	Objeto	Suj.	Verbo	Objeto
你	住	哪个	房间？	我	住	405号房间。
Nǐ	zhù	nǎ ge	fángjiān?	Wǒ	zhù	sì líng wǔ hào fángjiān.
Em que quarto você está hospedado?				*Eu estou hospedado no quarto 405.*		

Pratique perguntas e respostas de acordo com esse padrão:

Pergunta				*Resposta*		
Suj.	Verbo	Int.	Objeto	Suj.	Verbo	Objeto
		多少号 duōshao hào				214
		多少号 duōshao hào	房间 fángjiān			321
		哪儿 nǎr				533
		哪个房间 nǎ ge fángjiān				这个房间 zhè ge fángjiān.

De/Para

Pratique o uso do modelo "verbo + complemento de direção simples", com 来 **lái** demonstrando que a ação é direcionada para perto de quem fala, e 去 **qù** demonstrando que a ação é direcionada para longe de quem fala:

Suj.	*Verbo*	*Objeto*	*Suj.*	*Frase preposicional*	*Verbo + **qù/lái***
我 Wǒ	要 yào	两个衣架。 liǎng ge yījià.	我 Wǒ	给你 gěi nǐ	送去/送来。 sòng qù / sòng lái.

Eu preciso de dois cabides.   *Eu vou levá-los para você.*

		一条毛巾 yì tiáo máojīn			送来 sòng lái
		三块肥皂 sān kuài féizào			送去 sòng qù
		两个杯子 liǎng ge bēizi			送去 sòng qù
	还要 hái yào	卫生纸 wèishēngzhǐ			送来 sòng lái
		电话卡 diànhuàkǎ			买去 mǎi qù
		人民币 Rénmínbì			换去 huàn qù

No hotel: Parte B — Lição 20

Em breve

Pratique o uso de 一会儿 **yí huìr** para expressar "fazer algo em breve, em um momento".

Sujeito	Verbo	yí huìr	Outros elementos
我 Wǒ	等 děng	一会儿 yí huìr	送 去。 sòng qu

Eu vou mandar para você em um momento.

	Verbo	yí huìr	Outros elementos
	去 qù	一会儿 yí huìr	
	看 kàn	一会儿 yí huìr	书 shū
请 Qǐng	等 děng	一会儿 yí huìr	打扫我的房间 dǎsǎo wǒde fángjiān
	等 děng	一会儿 yí huìr	再来 zài lái
	坐 zuò	一会儿 yí huìr	

Ser capaz de

Pratique fazer perguntas e respostas com 能 **néng** (ser capaz de) seguido por um verbo.

Sujeito	Auxiliar	Verbo	Objeto
我 Wǒ	能不能 néng bùnéng	打扫 dǎsǎo	房间？ fángjiān?

Eu posso limpar o quarto?

▶

Lição 20 — No hotel: Parte B

Responda com 能 **néng** ou 不能 **bùnéng**.

Sujeito	Auxiliar	Verbo	Objeto
		换 huàn	美元 Měiyuán
		修 xiū	灯 dēng
		买 mǎi	电话卡 diànhuàkǎ
		换 huàn	床单 chuángdān
		修 xiū	厕所 cèsuǒ

Ser permitido/Ser possível

Pratique fazer perguntas e respostas com 可以 **kěyǐ** (poder, ser permitido, ser possível) seguido por um verbo. Lembre-se de que a palavra de tempo 现在 **xiànzài** deve ser posicionada no início da frase ou logo depois do sujeito e antes do verbo, e nunca no final de uma frase.

"Agora"	Sujeito	Auxiliar	Verbo	Objeto	**ma**
现在 Xiànzài	我 wǒ	可以 kěyǐ	打 dǎ	电话 diànhuà	吗? ma?

Eu posso fazer chamadas telefônicas agora?

Responda com 可以 **kěyǐ** ou 不可以 **bù kěyǐ**.

Pratique de acordo com esse modelo de frase usando os verbos e objetos a seguir:

▶

No hotel: Parte B — Lição 20

	用	你的电话
	yòng	nǐde diànhuà
	去	银行
	qù	yínghàng
	吃	饭
	chī	fàn
	找	马小姐
	zhǎo	Mǎ xiǎojie

Estar quebrado

坏了 **huài le** (estar quebrado ou não estar funcionando) é uma expressão muito útil para falar a um recepcionista de hotel que algo está quebrado em seu quarto e precisa ser consertado.

Pratique o uso dessa expressão com a partícula 了 **le** depois do verbo para indicar que houve uma mudança ou uma nova situação.

Tópico	*Verbo*	*Partícula*
电话	坏	了。
Diànhuà	huài	le.

O telefone quebrou.

厕所
cèsuǒ

杯子
bēizi

灯
dēng

床
chuáng

菜 (Aqui 坏 **huài** significa "ruim", "estragado")
cài

Nota de pronúncia
Vogais "ü" e "u"

A vogal "ü", em mandarim, não tem equivalente em português. Os lábios se arredondam ao pronunciar "ü" e "u", mas a língua fica em posições diferentes. Para pronunciar "ü", os lábios se arredondam, e você deve encostar a ponta da língua na parte de trás dos dentes inferiores. Para pronunciar "u", os lábios também se arredondam, mas você deve manter a língua longe dos dentes, evitando que a ponta toque qualquer parte de sua boca. Pratique inicialmente manter o formato arredondado dos lábios e a língua sem encostar em qualquer parte da boca para pronunciar "u". Depois, sem mudar a posição dos lábios, mova lentamente a língua para frente, encostando a ponta nos dentes, e pronuncie "ü". Pronuncie "u" e "ü" alternadamente por muitas vezes para perceber a diferença da posição da língua e dos sons pronunciados. Note que, em pīnyīn, deve ser colocado trema em "ü" quando seguir "l" e "n", para diferenciar "nu" e "nü", "lu" e "lü". Veja os exemplos a seguir:

Pīnyīn	Ideogramas	Português
1) lù (como "lu" em "Lucas", em português)	路	estrada
2) lǜ (sem equivalente em português)	绿	verde
3) nú (como "nu" em "nuca" em português)	奴	escravo(a)
4) nǚ (sem equivalente em português)	女	mulher, feminino

No hotel: Parte B Lição 20

Exercícios de pronúncia

🔊 Leia as palavras abaixo em voz alta. Pronuncie os sons cuidadosamente e escute a diferença entre "ü" e "u".

"ü" (quando precedido por "y" ou "j", o "ü" é escrito sem trema, mas a pronúncia é a mesma)

Pīnyīn	Ideogramas	Português
1) yú (yú)	鱼	peixe
2) nǚ háizi (nǚ)	女孩子	menina
3) jūnduì (jūn)	军队	tropas

"u" sem trema, pronunciado como "u" de "uva" no português

Pīnyīn	Ideogramas	Português
4) rúguǒ	如果	se
5) nǔlì	努力	trabalhar duro
6) dùzi	肚子	estômago
7) zhǔnbèi	准备	preparar

🔊 Leia as palavras abaixo em voz alta prestando atenção à diferença entre "ü" e "u".

Pīnyīn	Ideogramas	Português
1) dìtú	地图	mapa
2) fùnǚ	妇女	mulher
3) lǚxíng	旅行	viagem
4) chūqù	出去	sair

▶

167

Pīnyīn	Ideogramas	Português
5) cù	醋	vinagre
6) lúzi	炉子	fogão

Cada item abaixo possui um som inicial e um final, que se combinam para formar palavras. Leia os sons iniciais e finais separadamente, e depois leia a palavra toda. Confira sua pronúncia no áudio.

Grupo A:	Grupo B:	Grupo C:	Grupo D:
g āi	y áng	d āi	zh uāng
k uài	w ōng	t uì	ch í
h uǎn	ü ān	l ún	sh ùn
		n uǎn	r èn

Leia em voz alta o vocabulário abaixo, relativo às partes do corpo e à medicina.

1) shēntǐ	身体	corpo
2) bízi	鼻子	nariz
3) bèi	背	costas
4) ěrduo	耳朵	orelha
5) dùzi	肚子	estômago
6) gēbo	胳膊	braço
7) liǎn	脸	rosto
8) yāo	腰	cintura

9)	shétou	舌头	língua
10)	shǒu	手	mão
11)	tóu	头	cabeça
12)	tuǐ	腿	perna
13)	yǎnjīng	眼睛	olho
14)	zhījia	指甲	unha
15)	yá	牙	dente
16)	zhèngzhuàng	症状	sintomas
17)	fāshāo	发烧	febre
18)	fālěng	发冷	resfriado
19)	fāyán	发炎	infecção
20)	gǎnmào	感冒	gripe
21)	guòmǐn	过敏	alergia
22)	késou	咳嗽	tosse
23)	hūxī	呼吸	respiração
24)	tóuyūn	头晕	tontura
25)	tù	吐	vômito
26)	lā dùzi	拉肚子	diarreia
27)	liúbítì	流鼻涕	coriza
28)	liúxuè	流血	sangramento
29)	shāoshāng	烧伤	queimadura
30)	téng	疼	dor

Lição 20 — No hotel: Parte B

🔘 Leia em voz alta o vocabulário abaixo, relativo aos termos hospitalares e às instruções médicas.

1)	yīyuàn	医院	hospital
2)	yīwùshì	医务室	clínica
3)	guàhàochù	挂号处	recepção (onde se retira a senha para atendimento)
4)	nèikē	内科	(departamento de) medicina interna, medicina clinica geral
5)	wàikē	外科	departamento cirúrgico
6)	yákē	牙科	departamento de odontologia
7)	jízhěnshì	急诊室	sala de emergência
8)	qǔyàochù/ yàofáng	取药处/ 药房	farmácia, drogaria
9)	huàyànshì	化验室	laboratório
10)	X-guāng shì	X光室	sala de raios X
11)	zhùshèshì	注射室	sala de injeção
12)	zhùyuànchù	住院处	sala de internação

Instruções médicas

13) Qǐng bǎ zuǐ zhāngkāi. Por favor, abra a boca.
 请把嘴张开.

14) Qǐng bǎ shétou shēn chūlái. Por favor, mostre a língua.
 请把舌头伸出来.

No hotel: Parte B

15) Shēn hūxī.
深呼吸.

Respire fundo.

16) Qǐng bǎ yīfu tuōdiào.
请把衣服脱掉.

Por favor, retire a roupa.

17) Tǎngxià.
躺下

Deite-se.

18) Zhàn qǐlái.
站起来.

Levante-se.

19) Qǐng bǎ xiùzi juǎn qǐlái.
请把袖子卷起来.

Por favor, arregace as mangas.

LIÇÃO

21   No hotel: Parte C

Exercício 1

Escute os componentes ou as expressões e escreva o que ouviu em *pīnyīn*.

1) _____ lì   9) fã _____

2) _____ shì   10) mǎ _____

3) _____ xíng   11) fù _____

4) _____ lì   12) mì _____

5) _____ xùn   13) fēn _____

6) _____ shī   14) kǎo _____

7) _____ zi   15) bùjué _____

8) _____ zi

Exercício 2

Leia e escute o diálogo abaixo, e depois responda às perguntas. Primeiro, estude este novo vocabulário.

zěnmeyàng 怎么样 (Que tal?/O que você acha?/Como está?)   búcuò 不错 (nada mal, bom)

liàng 亮 (brilhante)   gānjing 干净 (limpo)

fúwùyuán 服务员 (atendente)

A: Estrangeiro 男外宾 **nán wàibīn**;

B: Estrangeira 女外宾 **nǔ wàibīn**

A: 你住在几号房间？

B: 我住在302号房间？

A: 那个房间怎么样？

▶

172

No hotel: Parte C   Lição 21

B: 那个房间不错，很亮，很干净。你住在几号？
A: 我住306号。那个房间不太好.
B: 怎么不好？
A: 那个房间没有毛巾，床单也不太干净.
B: 你告诉服务员了吗？
A: 告诉了他们说给我送毛巾来，也给我换床单.

Marque *verdadeiro* ou *falso* para as afirmações abaixo.

1) O número do quarto do estrangeiro é 302.
   Verdadeiro (   )   *Falso* (   )

2) O quarto do estrangeiro está em boas condições.
   Verdadeiro (   )   *Falso*(   )

3) O estrangeiro precisa de toalhas e roupa de cama limpa.
   Verdadeiro (   )   *Falso* (   )

4) O atendente vai levar toalhas e trocar a roupa de cama.
   Verdadeiro (   )   *Falso* (   )

Exercício 3

De quais palavras abaixo você sabe o significado em mandarim? Escreva em *pīnyīn* nas lacunas

1) toalhas _____

2) sabonete _____

3) papel higiênico _____

4) cabide _____

Lição 21 — No hotel: Parte C

Exercício 4

Para preparar a sua hospedagem em um hotel na China, traduza as frases abaixo para o mandarim. Escreva em *pīnyīn* ou ideogramas.

1) Eu preciso de um rolo de papel higiênico e três cabides.

_____

_____

2) Minha lâmpada está quebrada. _____

_____

_____

3) Quem é? Por favor, venha de novo mais tarde. _____

_____

_____

4) Por favor, limpe meu quarto agora. Você pode trocar minha roupa de cama? _____

_____

_____

5) Por favor, traga para mim uma barra de sabonete e duas toalhas. Eu estou hospedado no quarto 312. Obrigado.

_____

_____

Categorias de hotéis

O nome do hotel em mandarim geralmente revela a sua categoria. 宾馆 **bīnguǎn**, 饭店 **fàndiàn** e 酒店 **jiǔdiàn** são geralmente hotéis de quatro ou cinco estrelas, nos quais a maioria dos estrangeiros se hospeda. A equipe desses hotéis geralmente fala inglês. 旅馆 **lǚguǎn** ou 旅店 **lǚdiàn** geralmente são hotéis de três estrelas (ou menos), e a equipe não costuma falar inglês. 招待所 **zhāodàisuǒ** (guesthouses ou albergues) e 疗养院 **liáoyǎngyuàn** (resorts de saúde ou spas) originalmente pertenciam a companhias estatais ou agências governamentais. Desde a metade da década de 1980, com a Reforma Econômica, muitos se transformaram em hotéis. Nos dias atuais, são em grande parte hotéis de baixo custo, e alguns deles não aceitam hóspedes estrangeiros.

Verificação do quarto na saída do hotel (check-out)

Sempre que você sair de um hotel na China, o recepcionista lhe pedirá para aguardar enquanto alguém verifica se o quarto está em ordem. Essa rotina faz parte do processo de saída e acontece com todos.

LIÇÃO 22

Pergunte as direções: Parte A

🔘 Expressões-chave

请问,大门在哪儿? Qǐng wèn, dàmén zài nǎr?	Com licença, onde fica o portão?
英文系怎么走? Yīngwénxì zěnme zǒu?	Como ir ao Departamento de Língua Inglesa?
一直走 yìzhí zǒu	vá reto, vá em frente
左转 / 右转 zuǒ zhuǎn / yòu zhuǎn	vire à esquerda/vire à direita
附近有网吧吗? Fùjìn yǒu wǎngbā ma?	Tem alguma *lan house* por perto?

🔘 Vocabulário I · 生词一

Ideogramas	Pīnyīn	Português
英文	Yīngwén	língua inglesa
系	xì	departamento (em uma universidade)
英文系	Yīngwénxì	Departamento de Língua Inglesa

▶

Pergunte as direções: Parte A — Lição 22

Ideogramas	Pīnyīn	Português
前	qián	frente
前边	qiánbian	em frente, adiante
走	zǒu	andar, caminhar, ir
一直	yìzhí	ir reto, direto
经过	jīngguò	passar por
大门	dàmén	portão principal
大	dà	grande
门	mén	portão, porta, entrada
往	wǎng/wàng	(ir) em direção a...
右	yòu	direita
转	zhuǎn/	virar
中文	Zhōngwén	língua chinesa
中文系	Zhōngwénxì	Departamento de Língua Chinesa

Ideogramas	Pīnyīn	Português
旁边	pángbian	ao lado
外教	wàijiào	(professor(a) estrangeiro(a)) (abreviação de 外国教师 wàiguó jiàoshī)
吧	ba	interjeição (usada para imperativos suaves, sugestões, induzir uma concordância ou um grau de certeza, expressar relutância ou hesitação)
教	jiāo/jiào	dar aula, ensinar
英语	Yīngyǔ	inglês
附近	fùjìn	próximo, perto
网吧	wǎngbā	*lan house*
右边	yòubian	lado direito
教学楼	jiàoxuélóu	prédio das salas de aula
学	xué	estudar, aprender; escola, conhecimento

Ideogramas	*Pīnyīn*	*Português*
图书馆	túshūguǎn	biblioteca
中间	zhōngjiān	no meio, centro, entre

🔵 *Diálogo I* · 对话一

PERSONAGENS A: Estrangeiro 外国人 ***wàiguórén***;
B: Chinesa 中国人 ***Zhōngguórén***

A: 请问，英文系在哪儿？
Qǐng wèn, Yīngwénxì zài nǎr?

B: 在前边。
Zài qiánbian.

A: 怎么走？
Zěnme zǒu?

B: 一直走，经过大门，往右转，在中文系旁边。
Yìzhí zǒu, jīngguò dàmén, wàng yòu zhuǎn, zài Zhōngwénxì pángbian.
您是外教吧？
Nín shì wàijiào ba?

A: 是，我在英文系教英语。请问，附近有网吧吗？
Shì, wǒ zài Yīngwénxì jiāo Yīngyǔ. Qǐng wèn, fùjìn yǒu wǎngbā ma?

B: 有，在大门右边，教学楼和图书馆的中间。
Yǒu, zài dàmén yòubian, jiàoxuélóu hé túshūguǎn de zhōngjiān.

Lição 22 — Pergunte as direções: Parte A

Tradução do Diálogo I

A: Com licença, onde fica o Departamento de Língua Inglesa?

B: Fica em frente.

A: Como chego lá?

B: Siga reto, passe pelo portão principal e vire à direita. É próximo ao Departamento de Língua Chinesa. Você é um professor estrangeiro?

A: Sim, eu ensino inglês no Departamento de Língua Inglesa. Com licença, tem alguma *lan house* por perto?

B: Sim, tem uma ao lado direito do portão principal, entre o prédio das salas de aula e a biblioteca.

Vocabulário II · 生词二

Ideogramas	Pīnyīn	Português
马路	mǎlù	rua, via
对面	duìmiàn	do lado oposto, do outro lado
过	guò	atravessar, passar por, cruzar, ir adiante, celebrar, passar (o tempo)
远	yuǎn	longe, distante
左	zuǒ	esquerda
左边	zuǒbian	lado esquerdo

Pergunte as direções: Parte A — Lição 22

Ideogramas	Pīnyīn	Português
书店	shūdiàn	livraria
后	hòu	atrás, direção traseira, depois, posterior
后边	hòubian	atrás, lado traseiro
大学	dàxué	universidade, faculdade
办公室	bàngōngshì	escritório
外事处	wàishìchù	Departamento de Relações Exteriores
商学院	shāngxuéyuàn	Faculdade de Negócios
法学院	fǎxuéyuàn	Faculdade de Direito
留学生	liúxuéshēng	estudante estrangeiro
宿舍	sùshè	dormitório
医院	yīyuàn	hospital
北京	Běijīng	Pequim
汽车站	qìchēzhàn	ponto de ônibus

Pergunte as direções: Parte A

Diálogo II · 对话二

PERSONAGENS A: Americano 美国人 *Měiguórén*;
B: Chinesa 中国人 *Zhōngguórén*

A: 请问,哪儿有厕所?
Qǐng wèn, nǎr yǒu cèsuǒ?

B: 厕所在马路对面,过了马路往右走。
Cèsuǒ zài mǎlù duìmiàn, guò le mǎlù wàng yòu zǒu.

A: 远吗?
Yuǎn ma?

B: 不远。
Bù yuǎn.

A: 怎么走?
Zěnme zǒu?

B: 往前走,经过中国银行,银行的左边是书店,
Wàng qián zǒu, jīngguò Zhōngguó Yínháng, yínháng de zuǒbian shì shūdiàn,

书店的后边有一个厕所。
shūdiàn de hòubian yǒu yí ge cèsuǒ.

Tradução do Diálogo II

A: Com licença, onde fica o banheiro?

B: O banheiro fica do outro lado da rua. Atravesse a rua e depois vire à direita.

A: É longe?

B: Não é longe.

A: Como chego lá?

B: Siga em frente e passe pelo Banco da China. Do lado esquerdo do banco tem uma livraria. O banheiro fica atrás da livraria.

LIÇÃO

23 Pergunte as direções: Parte B

在 zài (ficar em)

在 **zài** (ficar em) pode ser uma preposição ou um verbo. 在 **zài** é um verbo na frase 英文系在哪儿？ **Yīngwénxì zài nǎr?** (Onde fica o Departamento de Língua Inglesa?). Nessa frase, 在 **zài** é seguido pelo pronome interrogativo 哪儿 **nǎr** (onde). A resposta é formada com a substituição do pronome interrogativo 哪儿 **nǎr** por uma palavra ou locução indicando lugar, nesse caso, 前边 **qiánbian** (em frente). Veja alguns exemplos de 在 **zài** como verbo:

银行 在前边。 O banco fica em frente.
Yínháng zài qiánbian.

马小姐在吗？ A srta. Ma está?
Mǎ xiǎojie zài ma?

Você pode identificar 在 **zài** como preposição, em vez de um verbo, quando houver um verbo principal na frase e quando 在 **zài** for seguido por uma palavra indicando lugar: 在 **zài** + lugar + verbo. Veja alguns exemplos de 在 **zài** como preposição:

我 在 食堂 吃 饭。 Eu como na cantina.
Wǒ zài shítáng chīfàn.

他 在 银行 换 钱。 Ele troca dinheiro no banco.
Tā zài yínháng huàn qián.

Frases com sujeito omitido

Advérbios (e expressões adverbiais) são posicionados antes do verbo em uma frase. Por exemplo:

怎么 zěnme (como)	em	怎么走? Zěnme zǒu? (como chegar lá?)
一直 yìzhí (reto)	em	一直走 yìzhí zǒu (vá reto)
往前 wàng qián (ir adiante)	em	往前走 wàng qián zǒu (vá em frente)
左 zuǒ (esquerda)	em	左转 zuǒ zhuǎn (vire à esquerda)

Note que a ordem das palavras em chinês é diferente da ordem em português. Em chinês, um advérbio sempre é posicionado antes do verbo; em português, pode ser posicionado antes ou depois do verbo.

Vire à direita/Vire à esquerda

右转 yòu zhuǎn (virar à direita), 左转 zuǒ zhuǎn (virar à esquerda), 左走 zuǒ zǒu (ir à esquerda) e 右走 yòu zǒu (ir à direita) são expressões coloquiais que omitem a preposição 向 xiàng (para, em direção a) ou 往 wàng (ir em direção a, ir para). A forma completa de 右转 yòu zhuǎn (vire à direita) é 向右转 xiàng yòu zhuǎn ou 往右转 wàng yòu zhuǎn (vire para a direita). 左 zuǒ e 右 yòu são palavras que indicam a posição ou a direção. 向右 xiàng yòu e 往右 wàng yòu são expressões prepositivas que modificam o verbo 转 zhuǎn (virar).

在 zài, 有 yǒu e 是 shì (indicando a localização)

Três verbos são usados para descrever uma localização:
A. 在 **zài** (estar em)
B. 是 **shì** (é, são)
C. 有 **yǒu** (tem, têm)

A. Utilize 在 **zài** para falar a localização

NOME DO LOCAL + 在 **zài** + LOCALIZAÇÃO

O nome do local é o lugar que alguém procura, como em 英文系 **Yīngwénxì** (Departamento de Língua Inglesa). A localização é uma informação nova para o ouvinte e explica onde o local fica. Com o verbo 在 **zài**, o nome do local deve vir antes, como no sujeito de uma frase. Depois vem o verbo 在 **zài**, seguido pela localização:

厕所在马路对面。 Cèsuǒ zài mǎlù duìmiàn.	O banheiro fica do outro lado da rua.
教学楼在 英文系右边。 Jiàoxuélóu zài Yīngwénxì yòubian.	O prédio das salas de aula fica à direita do Departamento de Língua Inglesa.

B. Você também pode usar o verbo 是 **shì** (ser) para falar a localização.

LOCALIZAÇÃO + 是 **shì** + NOME DO LOCAL

Com o verbo 是 **shì**, a localização deve vir antes, como sujeito da frase. Depois vem o verbo 是 **shì**, seguido do nome do local:

银行的 左边是书店。 Yínháng de zuǒbian shì shūdiàn.	Ao lado esquerdo do banco fica a livraria.

▶

马路 的 对面是厕所。　Do outro lado da rua fica o
Mǎlù de duìmiàn shì　banheiro.
cèsuǒ.

C. A terceira opção é usar 有 **yǒu** (ter, haver) para dar informações sobre localização.

LOCALIZAÇÃO + 有 **yǒu** (一个 **yí ge**) + NOME DO LOCAL

O modelo da sentença com o verbo 有 **yǒu** é o mesmo modelo da sentença com o verbo 是 **shì**, exceto pelo nome do local, que geralmente é um substantivo indeterminado precedido pelo número um e o classificador 一个 **yí ge** (um, uma).

大门 旁边 有 一 个 网吧。　Tem uma *lan house* próxima
Dàmén pángbian yǒu yí ge　ao portão principal.
wǎngbā.

马路 对面 有 一 个 厕所。　Tem um banheiro do outro
Mǎlù duìmiàn yǒu yí ge　lado da rua.
cèsuǒ.

Cruzamento em Pequim.

Perguntando a localização com 在 zài

Para perguntar a localização de um lugar com a expressão "Com licença, onde fica...?" e 在 **zài** (ficar em, estar em) como verbo, use a seguinte estrutura:

请问 **Qǐng wèn** + nome do local + 在哪儿 **zài nǎr?**

O padrão da resposta é:

Nome do local	Verbo	Localização
英文系	在	前边。
Yīngwénxì	zài	qiánbian.

O Departamento de Língua Inglesa fica em frente.

Pratique fazer perguntas e respostas sobre localizações usando o vocabulário a seguir:

外事处 wàishìchù	大门旁边 dàmén pángbian
网吧 wǎngbā	马路对面 mǎlù duìmiàn
教学楼 jiàoxuélóu	那边 nàbian
大门 dàmén	左边 zuǒbian
中文系 Zhōngwénxì	商学院后边 shāngxuéyuàn hòubian
法学院 Fǎxuéyuàn	英文系旁边 Yīngwénxì pángbian

Pergunte as direções: Parte B — Lição 23

Pedindo orientação sobre direções

Uma estrutura frequentemente utilizada para pedir orientação sobre direções é:

请问 **Qǐng wèn** + nome do local + 怎么走 **zěnme zǒu?**
Com licença, como ir a...?

O padrão para responder a essa pergunta é:

往 **Wàng** + direção + verbo

Pratique pedir orientação sobre direções usando os nomes dos locais apresentados abaixo. Note que o verbo é posicionado no final da frase, depois do advérbio (ou expressão adverbial) que o modifica.

Pergunta	*Resposta*
请问，网吧怎么走？	往前走。
Qǐng wèn, wǎngbā zěnme zǒu?	Wàng qián zǒu.
Como ir à lan house?	*Vá em frente.*

北京宾馆
Běijīng Bīnguǎn

银行
yínháng

汽车站
qìchēzhàn

医院
yīyuàn

书店
shūdiàn

Lição 23 — Pergunte as direções: Parte B

Dando orientação de direções

Pratique dar orientações de direções com 转 **zhuǎn** (virar) e uma palavra que indique direção, que deve antecede 转 **zhuǎn**. Note que é o oposto da ordem das palavras em português (virar à esquerda, virar à direita).

Direção	*Virar*
左	转。
zuǒ	zhuǎn.

virar à esquerda

右	转。
yòu	zhuǎn.

virar à direita

后	转。
hòu	zhuǎn.

virar para trás

Pratique adicionar 往 **wàng** (ir em direção a, para) nas frases.

Para	*Direção*	*Virar*
往	左	转。
Wàng	zuǒ	zhuǎn.

virar à esquerda

	右	
	yòu	
	后	
	hòu	
	北	
	běi	

▶

Para	*Direção*	*Virar*
	南 nán	
	东 dōng	
	西 xī	

Direções com 在 zài

Pratique utilizar 在 **zài** (estar em) como um verbo para indicar direções.
O nome do local que a pessoa busca vem primeiro, como sujeito da frase. Depois, vem o verbo 在 **zài**, seguido pela localização.

图书馆　　　在　　　前边。
Túshūguǎn　　zài　　　qiánbian.
A biblioteca fica em frente.

Pratique formar frases com essa estrutura, usando as localizações e os nomes dos locais abaixo.

Nome do local	*Localização*
宾馆 bīnguǎn	马路对面 mǎlù duìmiàn
中国银行 Zhōngguó Yínháng	左边 zuǒbian

Lição 23 — Pergunte as direções: Parte B

Nome do local	*Localização*
厕所 cèsuǒ	大门右边 dàmén yòubian
医院 yīyuàn	那边 nàbian
网吧 wǎngbā	商店旁边 shāngdiàn pángbian
电话 diànhuà	教学楼旁边 jiàoxuélóu pángbian
食堂 shítáng	后边 hòubian
汽车站 qìchēzhàn	左边 zuǒbian
医院 yīyuàn	宾馆右边 bīnguǎn yòubian

Direções com 是 *shì*

Nome do local 是 **shì** (ser) é usado para indicar a localização de um lugar, a localização vem antes como sujeito da frase. Depois vem o verbo 是 **shì**, seguido do nome do local.

银行的左边　　　是　　书店。
Yínháng de zuǒ biān　shì　shūdiàn.
Ao lado esquerdo do banco fica a livraria.

Pratique formar frases com essa estrutura, usando as localizações e os nomes dos locais a seguir.

Pergunte as direções: Parte B — Lição 23

Localização	Nome do local
书店的旁边 shūdiàn de pángbian	商店 shāngdiàn
那边 nàbian	宾馆 bīnguǎn
教学楼的前边 jiàoxuélóu de qiánbian	食堂 shítáng
商店的后边 shāngdiàn de hòubian	邮局 yóujú
饭馆的右边 fànguǎn de yòubian	银行 yínháng
大门的左边 dàmén de zuǒbian	网吧 wǎngbā
马路的对面 mǎlù de duìmiàn	厕所 cèsuǒ

Direções com 有 *yǒu*

Pratique o uso do verbo 有 **yǒu** (ter, haver) para falar da localização de um lugar.

A estrutura da frase com 有 **yǒu** é a mesma utilizada com 是 **shì**, mas o local geralmente é indeterminado, precedido pelo classificador 一个 **yí ge** (um, uma).

教学楼 的旁边　　　有　　一个　　　书店。
Jiàoxuélóu de pángbian　yǒu　yí ge　shūdiàn.
Ao lado do prédio das salas de aula tem uma livraria.

Pratique formar frases com esta estrutura, usando as localizações e os nomes dos locais a seguir.

▶

Lição 23 Pergunte as direções: Parte B

Localização	Nome do local
前边 qiánbian	厕所 cèsuǒ
宾馆的旁边 bīnguǎn de pángbian	饭馆 fànguǎn
大门的右边 dàmén de yòubian	网吧 wǎngbā
银行的后边 yínháng de hòubian	邮局 yóujú
饭馆的对面 fànguǎn de duìmiàn	电话 diànhuà
法学院的旁边 Fǎxuéyuàn de pángbian	商学院 shāngxuéyuàn
那边 nàbian	医院 yīyuàn
马路对面 Mǎlù duìmiàn	中国银行 Zhōngguó Yínháng

Nota de pronúncia: A final "i"

Em *pīnyīn*, a final "i" representa três sons vocálicos diferentes, que dependem da inicial que a antecede.

🎧 Seguindo boa parte das iniciais, a pronúncia da final "i" lembra o som de "i" de "igreja" em português.

Pīnyīn	*Ideogramas*	*Português*
1) yī	一	um

▶

Pīnyīn	Ideogramas	Português
2) qī	七	sete
3) dìdi	弟弟	irmão mais novo
4) chūnjié	春节	Festival da Primavera, Ano-novo chinês
5) jīng	京	capital
6) jī	机	máquina

Quando sucede as iniciais "z", "c" ou "s", "i" é pronunciado somente como a extensão dessas iniciais. A ponta da língua se posiciona na parte de trás dos dentes do maxilar inferior, emitindo vibração das cordas vocais.

Pīnyīn	Ideogramas	Português
1) zì	字	ideograma, palavra
2) cí	词	palavra, termo
3) sī	丝	seda

Quando "i" sucede as inicias "zh", "ch", "sh" ou "r", a pronúncia soa similar a "r" e também é como uma extensão de "zh", "ch", "sh" ou "r", com a vibração das cordas vocais, e com som de "i" mais leve. Em "zhi", "chi" ou "shi", a ponta da língua "enrola" em direção ao céu da boca e vibra, mas com "ri", a língua "enrola" em direção ao céu da boca e não vibra.

Pīnyīn	Ideogramas	Português
1) zhīdao	知道	saber
2) chīfàn	吃饭	comer (comida)
3) lǎoshī	老师	professor(a)
4) jiérì	节日	feriado

Lição 23   Pergunte as direções: Parte B

Exercícios de pronúncia

🔊 Pronuncie as palavras e expressões abaixo em voz alta, prestando especial atenção à pronúncia da final "i".

Pīnyīn	Ideogramas	Português
1) Yīngwénxì	英文系	Departamento de Língua Inglesa
2) zìzhìqū	自治区	região autônoma
3) zìxí	自习	estudar por conta própria com hora marcada ou em horário livre
4) mínǐ	迷你	míni (como em minissaia)
5) chídào	迟到	estar atrasado, chegar atrasado
6) háizi	孩子	criança, filhos
7) sīchóu	丝绸	seda
8) sìshēng	四声	quatro tons
9) Rìběn	日本	Japão
10) cíqì	瓷器	porcelana
11) zhīshi	知识	conhecimento
12) chǐzi	尺子	régua
13) shīzi	狮子	leão

🔊 Cada item a seguir possui um som inicial e um final, que se combinam para formar palavras. Leia os sons iniciais e finais separadamente, e depois leia a palavra toda. Confira sua pronúncia no áudio.

Grupo A:	Grupo B:	Grupo C:	Grupo D:
b ēn	zh èi	j uān	z òng
p éng	ch āo	q ū	c èng
m ián	sh éi	x uē	s uì
f ǎng	r ǎng		

Pergunte as direções: Parte B — Lição 23

Pratique o *pīnyīn* lendo em voz alta os termos abaixo.

1) diànnǎo 电脑 computador
2) diàndēngpào 电灯泡 lâmpada
3) chāzuò 插座 tomada
4) diàndēng 电灯 luz
5) diànchí 电池 bateria
6) yī hào diànchí 一号电池 pilha tamanho D
7) èr hào diànchí 二号电池 pilha tamanho C
8) wǔ hào diànchí 五号电池 pilha tamanho AA
9) qī hào diànchí 七号电池 pilha tamanho AAA
10) shōuyīnjī 收音机 rádio
11) shǒujī 手机 telefone celular
12) hūjī 呼机 *pager*
13) CD-pán CD-盘 / jīguāng chàngpán 激光唱盘 CD
14) lùyīndài 录音带 fita cassete
15) lùyīnjī 录音机 toca-fitas
16) lùxiàngjī 录象机 câmera de vídeo

LIÇÃO

24 Pergunte as direções: Parte C

Exercício 1

🔊 Escute as palavras e expressões do CD e depois escreva corretamente o *pīnyīn* com as marcas tonais nas lacunas abaixo.

1) _____

2) _____

3) _____

4) _____

5) _____

6) _____

7) _____

8) _____

9) _____

10) _____

Exercício 2

🔊 Leia e escute o diálogo e depois responda às perguntas.

Primeiro revise o vocabulário a seguir:

图书馆 túshūguǎn (biblioteca)   从 cóng (de)
就 jiù (mesmo, justamente)   电影院 diànyǐngyuàn (cinema)
对 duì (correto)

Pergunte as direções: Parte C   Lição 24

A: Inglês 英国人 ***Yīngguórén**;*

B: Chinês(esa) 中国人 ***Zhōngguórén***

A: 请问图书馆在哪儿?

B: 哪个图书馆?是大图书馆吗?

A: 是。我要去大图书馆。

B: 你从这儿一直走,左边有一个电影院,过了电影院,就是大图书馆。大图书馆在左边。

A: 我从这儿一直走,过了电影院,左边就是大图书馆,对吗?

B: 对。

A: 好。谢谢!

B: 不谢!

Responda:

1. O que o inglês quer? _____

_____

2. O que o inglês está procurando? _____

_____

3. De que lado da biblioteca fica o cinema? _____

_____

_____

Exercício 3

Transforme as frases abaixo em perguntas utilizando as palavras entre parênteses.

Exemplos:

大门对面有网吧。 Dàmén duìmiàn yǒu wǎngbā.	(在) Zài →	网吧在大门对面。 Wǎngbā zài Dàmén duìmiàn.

1) 商店旁边是书店。 (有)
   Shāngdiàn pángbian shì shūdiàn. yǒu

2) 英文系在教学楼旁边。 (是)
   Yīngwénxì zài jiàoxuélóu pángbian. shì

3) 银行旁边是邮局。 (在)
   Yínháng pángbian shì yóujú. zài

4) 食堂在七号楼旁边。 (是)
   Shítáng zài qīhàolóu pángbian. shì

5) 马路对面是中国银行。 (有)
   Mǎlù duìmiàn shì Zhōngguó Yínháng. yǒu

6) 书店后面有一个厕所。 (在)
   Shūdiàn hòumiàn yǒu yí ge cèsuǒ. zài

Pergunte as direções: Parte C — Lição 24

Exercício 4

Para se preparar para viajar à China, traduza as seguintes frases para o mandarim. Escreva em pīnyīn ou ideogramas.

1) Onde fica o banheiro? _____

2) Onde fica o Departamento de Língua Inglesa? É atrás do prédio das salas de aula. _____
_____

3) Como ir ao Banco da China? Siga reto e depois vire à esquerda. _____
_____

4) Tem alguma *lan house* por perto? A *lan house* fica ao lado esquerdo do portão. _____
_____
_____

5) É longe? Como faço para chegar lá? _____
_____

6) Com licença, onde fica a livraria? Primeiro siga reto, passe o Banco da China e vire à esquerda. _____
_____

7) O hospital fica do outro lado da rua em frente ao portão principal? _____
_____

8) A agência dos correios não é longe. _____
_____

Distritos municipais

As cidades na China são divididas em distritos. Quando quiser encontrar um determinado local na cidade, primeiro você precisa descobrir em qual distrito fica esse local para conseguir localizar-se nos arredores. 北京 **Běijīng** tem catorze distritos, dos quais 西城 **Xīchéng**, 东城 **Dōngchén** e 宣武 **Xuānwǔ** compõem o centro da cidade. A maioria das embaixadas e dos escritórios de negócios fica no distrito de 朝阳 **Cháoyáng**. Boa parte das universidades, incluindo a Universidade de Pequim, localiza-se no distrito de 海淀 **Hǎidiàn**.
深圳 **Shēnzhèn** é dividida em seis distritos:
罗湖 **Luóhú**, 福田 **Fútián**, 盐田 **Yántián**, 南山 **Nánshān**, 龙岗 **Lónggǎng** e 保安 **Bǎo'ān**. O distrito de **Luóhú** corresponde à área do centro da cidade.

Nomes de ruas e direções

Os nomes de ruas na China geralmente incluem as palavras "leste", "oeste", "norte" ou "sul". Por exemplo, 天安门西大街 **Tiānānmén Xīdàjiē** significa literalmente avenida Tiānānmén Oeste, que significa que a avenida está a oeste da praça Tiānānmén. Essas palavras que indicam direção nos nomes de ruas ajudam você a se localizar com mais facilidade.

LIÇÃO 25

Que horas são?: Parte A

🎵 *Expressões-chave*

现在几点？ Xiànzài jǐ diǎn?	Que horas são agora?
下午你有课吗？ Xiàwǔ nǐ yǒu kè ma?	Você tem aula à tarde?
一起去…，好吗？ Yìqǐ qù…, hǎo ma?	Vamos juntos…, está bem?
…你常常做什么？ …nǐ chángcháng zuò shénme?	O que você geralmente faz…?

🎵 *Vocabulário I* · 生词一

Ideogramas	Pīnyīn	Português
几	jǐ	quantos (pronome interrogativo usado para poucas quantidades)
点	diǎn	horas, ponto (decimal, temporal ou espacial), pedir (um prato de comida em um restaurante), apontar
几点	jǐ diǎn	Que horas são?
差	chà	falta, diferente de

▶

Ideogramas	Pīnyīn	Português
吧	ba	interjeição (usada para imperativos suaves, sugestões, induzir uma concordância ou um grau de certeza, expressar relutância ou hesitação)
上	shàng	acima, anterior, primeiro, superior a; subir embarcar, ocupar-se em atividades de trabalho ou estudo em um horário fixo
上午	shàngwǔ	de manhã (antes do meio-dia)
午	wǔ	meio-dia
半	bàn	metade, meio
课	kè	aula, classe, curso
上课	shàngkè	começar a aula, dar/ter aula
汉语	Hànyǔ	língua chinesa
下午	xiàwǔ	tarde (depois do meio-dia)
下课	xiàkè	terminar a aula, fim da aula
刻	kè	um quarto de hora, quinze minutos
一刻	yí kè	um quarto de hora, quinze minutos

Que horas são?: Parte A

Ideogramas	Pīnyīn	Português
三刻	sān kè	três quartos de hora, 45 minutos
以后	yǐhòu	depois de, mais tarde, posteriormente
一起	yìqǐ	junto
好吗	hǎo ma	Está bem? Ok?
好吧	hǎo ba	Ok, está bem.
见	jiàn	ver, encontrar

Diálogo I · 对话一

PERSONAGENS A: Chinês 中国人 *Zhōngguórén*;
B: Francesa 法国人 *Fǎguórén*

A: 现在几点？
Xiànzài jǐ diǎn?

B: 现在差十分八点。
Xiànzài chà shí fēn bā diǎn.

A: 我上午八点半要上汉语课。
Wǒ shàngwǔ bā diǎn bàn yào shàng Hànyǔkè.

B: 下午你有课吗？
Xiàwǔ nǐ yǒu kè ma?

A: 我下午有英语课。
Wǒ xiàwǔ yǒu Yīngyǔkè.

B:	你几点下课？ Nǐ jǐ diǎn xiàkè?
A:	四点一刻。 Sì diǎn yí kè.
B:	下课以后我们一起去网吧，好吗？ Xiàkè yǐhòu wǒmen yìqǐ qù wǎngbā, hǎo ma?
A:	好吧，几点见？ Hǎo ba, jǐ diǎn jiàn?
B:	五点五分我去找你。 Wǔ diǎn wǔ fēn wǒ qù zhǎo nǐ.

Tradução do Diálogo I

A: Que horas são agora?

B: Agora são dez para as oito.

A: Eu tenho aula de chinês às 8h30 da manhã.

B: Você tem aula à tarde?

A: Eu tenho aula de inglês à tarde.

B: A que horas a sua aula termina?

A: Às 4h15.

B: Que tal irmos juntos à lan house depois da aula?

A: Ok. A que horas nos encontramos?

B: Eu procuro você às 5h05.

Componentes de tempo

上午 **shàngwǔ** (manhã), 中午 **zhōngwǔ** (meio-dia) e 下午 **xiàwǔ** (tarde) são componentes de 午 **wǔ** (meio-dia) com 上 **shàng** (acima, antes), 中 **zhōng** (meio) e 下 **xià** (abaixo, depois). Os significados literais são 上午 **shàngwǔ** (antes do meio-dia), 中午 **zhōngwǔ** (ao meio-dia) e 下午 **xiàwǔ** (depois do meio-dia). Se você lembrar que 上 **shàng** significa acima, antes, que 中 **zhōng** significa meio e que 下 **xià** significa abaixo, depois, fica fácil memorizar 上午 **shàngwǔ**, 中午 **zhōngwǔ** e 下午 **xiàwǔ**.

要 **yào** (querer; ir *no futuro*)
Você já estudou como usar o verbo 要 **yào** significando "querer":

我要一张IP卡。   Eu quero (comprar) um cartão IP.
Wǒ yào yì zhāng IP kǎ.

No entanto, 要 **yào** também pode funcionar como verbo auxiliar, posicionado antes do verbo principal, significando futuro, como "ir + verbo principal" em português. Indica que a ação ou determinado fato vai ocorrer no futuro:

我八点半要上汉语课。 Eu terei aula de Chinês às 8h30.
Wǒ bā diǎn bàn yào
shàng Hànyǔkè.

上课 **shàngkè** e 课 **kè**
上课 **shàngkè** pode significar ter aula, ir para a aula, participar da aula, como em:

我八点半要上课。　　　Eu terei aula às 8h30.
Wǒ bā diǎn bàn
yào shàngkè.

Porém, 上课 **shàngkè** pode também ter o significado de iniciar uma aula, como em:

现在上课。　　　A aula começa agora.
Xiànzài shàngkè.

Em ambos os casos, 课 **kè** significa "aula", mas quando você fala 汉语课 **Hànyǔkè (aula de chinês),** 课 **kè** significa curso ou matéria. 课 **kè** também pode significar lição, como no título 第九课 **dì jiǔ kè** (Lição 9).

去 **qù** (ir) pode ser diretamente seguido por um substantivo indicando lugar:

去食堂　　　　　　ir à cantina
qù shítáng

去网吧　　　　　　ir à *lan house*
qù wǎngbā

Note que o substantivo que vem depois do verbo 去 **qù** deve ser um lugar. Se quiser usar o nome de uma pessoa ou um pronome depois de 去 **qù**, você deve acrescentar 这儿 **zhèr** (aqui) ou 那儿 **nàr** (ali, lá) depois do nome da pessoa ou do pronome. Por exemplo:

去你那儿　　　　　ir aí (onde se está)
qù nǐ nàr

Quando for sucedido por outro verbo, como em 去吃饭 **qù chīfàn**, 去 **qù** equivale à expressão em português "ir comer".

Como você já aprendeu, quando outro verbo precede 去 **qù**, este é um complemento de direção simples, que indica que a ação do verbo precedente é direcionada para longe de quem está falando. Por exemplo:

我现在上课去。 Eu vou para a aula agora.
Wǒ xiànzài shàngkè qù. ("Eu ainda não estou na aula" ou "Eu, o locutor, estou afastando-me do ouvinte")

Vocabulário II • 生词二

Ideogramas	Pīnyīn	Português
早上	zǎoshang	(de) manhã
起床	qǐchuáng	acordar, levantar (da cama)
洗澡	xǐzǎo	tomar banho
早饭	zǎofàn	café da manhã
上班	shàngbān	ir ao trabalho
中午	zhōngwǔ	meio-dia
午饭	wǔfàn	almoço
下班	xiàbān	sair do trabalho
晚上	wǎnshang	noite
常常	chángcháng	geralmente
做	zuò	fazer
跟	gēn	com

Ideogramas	Pīnyīn	Português
朋友	péngyou	amigo(a)
睡觉	shuìjiào	dormir
有时候	yǒu shíhòu	às vezes, de vez em quando
以前	yǐqián	antes de
晚饭	wǎnfàn	jantar (substantivo)
休息	xiūxi	descansar
睡午觉	shuì wǔjiào	cochilar depois do almoço

Diálogo II · 对话二

PERSONAGENS A: *Inglês* 英国人 **Yīngguórén**;
B: *Alemã* 德国人 **Déguórén**

A: 你早上几点起床？
Nǐ zǎoshang jǐ diǎn qǐchuáng?

B: 七点。起床以后我先洗澡，再去吃早饭。我九点上班。
Qī diǎn. Qǐchuáng yǐhòu wǒ xiān xǐzǎo, zài qù chī zǎofàn. Wǒ jiǔ diǎn shàngbān.

A: 你中午几点去食堂？
Nǐ zhōngwǔ jǐ diǎn qù shítáng?

B: 十二点我去吃午饭。
Shí'èr diǎn wǒ qù chī wǔfàn.

Que horas são?: Parte A   Lição 25

A: 你几点下班?
Nǐ jǐdiǎn xiàbān?

B: 我五点下班。
Wǒ wǔ diǎn xiàbān.

A: 晚上你常常做什么?
Wǎnshang nǐ chángcháng zuò shénme?

B: 我常常跟朋友一起去饭馆儿吃饭。
Wǒ chángcháng gēn péngyou yìqǐ qù fànguǎnr chīfàn.

A: 你几点睡觉?
Nǐ jǐ diǎn shuìjiào?

B: 我有时候十一点睡觉，有时候十二点睡觉。
Wǒ yǒushíhou shíyī diǎn shuìjiào, yǒushíhou shí'èr diǎn shuìjiào.

Tradução do Diálogo II

A: A que horas você se levanta de manhã?

B: Às 7 horas. Depois que eu me levanto, primeiro tomo banho, depois tomo café da manhã. Eu vou trabalhar às 9 horas.

A: A que horas você vai para a cantina almoçar?

B: Eu vou almoçar ao meio-dia.

A: A que horas você sai do trabalho?

B: Eu saio do trabalho às 5 horas.

A: O que você geralmente faz à noite?

B: Eu geralmente vou a um restaurante com amigos para jantar.

A: A que horas você dorme?

B: Às vezes, eu durmo às 11 horas, às vezes, à meia-noite.

LIÇÃO 26

Que horas são?: Parte B

Os advérbios de tempo nas frases

Em mandarim, existem dois tipos de advérbios de tempo: para expressar um tempo específico ou duração de tempo. Nesta lição, você vai aprender apenas os advérbios de tempo específico, como "agora", "manhã" e "8h30". Exemplos de duração de tempo são palavras como "um dia" e "dez minutos".

Posição dos advérbios de tempo nas frases

Advérbios de tempo específico sempre se posicionam antes do verbo em uma frase. O advérbio de tempo pode vir bem no começo da frase ou logo depois do sujeito, mas sempre virá antes do verbo.

Advérbios de tempo no começo da frase:

现在几点？ Xiànzài jǐ diǎn?	Que horas são agora?
晚上你常常做什么？ Wǎnshang nǐ chángcháng zuò shénme?	O que você geralmente faz à noite?
五点五分我去找你。 Wǔ diǎn wǔ fēn wǒ qù zhǎo nǐ.	Eu vou procurar você às 5h05.

Advérbios de tempo depois do sujeito e antes do verbo:

你早上几点起床？ Nǐ zǎoshang jǐ diǎn qǐchuáng?	A que horas você acorda pela manhã?
我十一点睡觉。 Wǒ shíyī diǎn shuìjiào.	Eu durmo às 11 horas.

Que horas são?: Parte B Lição 26

我下午有英语课。 Eu tenho aula de inglês à tarde.
Wǒ xiàwǔ yǒu Yīngyǔkè.

Note que, quando está alocado em uma frase interrogativa, o advérbio de tempo fica posicionado logo antes do verbo:

你早上几点起床？ A que horas você se levanta pela manhã?
Nǐ zǎoshang jǐ diǎn qǐchuáng?

晚上你什么时候睡觉？ Quando (a que horas) você dorme à noite?
Wǎnshang nǐ shénme shíhòu shuìjiào?

Sequência de advérbios de tempo em uma frase

Se uma frase possui dois ou mais advérbios de tempo, eles aparecem na ordem da maior unidade de tempo para a menor. Por exemplo, 11h30 da manhã vai ser 早上十一点半 **zǎoshang shíyī diǎn bàn** (literalmente, "manhã, 11 horas e meia").

Advérbio de tempo específico + lugar + ação

Se você quiser dizer que alguém está "fazendo algo em algum lugar em um determinado momento", os advérbios de tempo se posicionam antes dos que indicam lugar. Por exemplo: 我四点半在饭馆等你 **Wǒ sì diǎn bàn zài fànguǎnr děng nǐ** (literalmente, "eu, 4h30, no restaurante, espero você").

Quando for falar um determinado tempo em mandarim, não é necessário utilizar preposição, como 在 **zài** (em), antes do advérbio de tempo. "Eu vou dormir às 11 horas", em mandarim, é 我十一点睡觉 **Wǒ shíyī diǎn shuìjiào** (literalmente, "Eu, 11 horas, durmo").

是 *shì em expressões de tempo*

O verbo 是 **shì** (ser) não é necessário em expressões de tempo e geralmente é omitido. Se o verbo for usado, ele aparece entre o tópico e o número:

现在八点半。　　　　　Agora são 8h30.
Xiànzài bā diǎn bàn.

现在是八点半。　　　　Agora são 8h30.
Xiànzài <u>shì</u> bā diǎn bàn.

Uma frase negativa deve conter a forma negativa de 是 **shì**, que é 不是 **búshì** (não ser):

现在不是八点半。　　　Agora não são 8h30.
Xiànzài búshì bā diǎn bàn.

Locuções de verbo-objeto como verbos intransitivos

起床 qǐchuáng (acordar, levantar da cama)

洗澡 xǐzǎo (tomar banho)

吃饭 chīfàn (comer, fazer uma refeição)

睡觉 shuìjiào (dormir)

Cada uma das palavras apresentadas é formada por uma locução verbo-objeto. Essa estrutura, muito comum em mandarim, funciona como verbo.

Antes/depois

A ordem de uma frase em mandarim com 以前 **yǐqián** (antes de) ou 以后 **yǐhòu** (depois de) é contrária à ordem em português, em que "antes de" ou "depois de" precede um tempo ou um fato. Em mandarim, essas palavras seguem um tempo; então, se em português se usa "antes das 11 horas" ou "depois da aula", em mandarim a ordem é oposta, 11 horas 以前 **yǐqián**, (11 horas, antes de) ou 下课以后 **xiàkè yǐhòu** (aula, depois de). A posição de 以前 **yǐqián** (antes de) ou 以后 **yǐhòu** (depois de) em uma sentença é sempre entre um tempo ou um fato e outro tempo ou outro fato.

我十一点以前睡觉。 Wǒ shíyī diǎn yǐqián shuìjiào.	Eu vou dormir antes das 11 horas.
起床以后我先洗澡。 Qǐchuáng yǐhòu wǒ xiān xǐzǎo.	Depois de acordar, eu tomo banho.

Frequentemente/às vezes

Os advérbios 常常 **chángcháng** (geralmente) e 有时候 **yǒushíhòu** (algumas vezes) são tratados como advérbios de tempo e devem ser posicionados da mesma forma que os outros advérbios de tempo específico.

Lição 26 — Que horas são?: Parte B

Perguntando as horas

Para perguntar as horas em mandarim, fale:

现在	几点?	*Que horas são agora?*
Xiànzài	jǐdiǎn?	

A estrutura para responder a essa pergunta é composta pelo advérbio de tempo 现在 **Xiànzài** seguido pela hora:

现在	七点五十分。	
Xiànzài	qī diǎn wǔshí fēn.	*Agora são 7h50.*

Pratique perguntar e responder as horas com a estrutura acima, usando as horas abaixo.

- 2h00
- 4h15
- 7h30
- 5h05
- 6h45
- 9h10
- 8h55

Posição dos advérbios de tempo em uma frase

A. Advérbios de tempo no começo de uma frase

Quando o advérbio de tempo for usado no começo da frase, a estrutura para fazer perguntas fica:

Advérbio de tempo	*Sujeito + verbo*	*Interrogação*
下午	你 做	什么?
Xiàwǔ	nǐ zuò	shéme?

O significado literal é: "(À) tarde você faz o quê?". ▶

Para responder a perguntas como essa, posicione o advérbio de tempo no começo da frase e, depois, o sujeito sucedido por um verbo e um objeto. Por exemplo:

下午　　我 上班。
Xiàwǔ　　wǒ shàngbān.

O significado literal é: "(À) tarde, eu trabalho".

Pratique fazer perguntas e respostas com a estrutura acima, utilizando os advérbios de tempo, verbos e objetos a seguir:

Advérbio de tempo	*Verbo + objeto*
上午 shàngwǔ	上汉语课 shàng Hànyǔkè
晚上 wǎnshang	给美国打电话 gěi Měiguó dǎ diànhuà
下班以后 xiàbān yǐhòu	去换钱 qù huànqián

B. Advérbios de tempo entre o sujeito e o verbo

Quando o advérbio de tempo fica entre o sujeito e o verbo, a estrutura é:

Sujeito	*Advérbio de tempo*	*Verbo + interrogação*
你	中午	做什么？
Nǐ	zhōngwǔ	zuò shéme?

O significado literal é: "Você meio-dia faz o quê?".

Para responder a perguntas como essa, a estrutura é:

Sujeito	*Advérbio de tempo*	*Verbo e objeto*
我	中午	休息。
Wǒ	zhōngwǔ	xiūxi.

Eu ao meio-dia descanso.

Pratique fazer perguntas e respostas com essa estrutura de frase, usando os advérbios de tempo, verbos e objetos a seguir.

Advérbio de tempo	*Verbo + objeto*
下课以后 xiàkè yǐhòu	去网吧 qù wǎngbā
下午 xiàwǔ	上课 shàngkè
晚上 wǎnshang	睡觉 shuìjiào

C. A interrogativa do advérbio de tempo em uma pergunta é localizada logo depois do sujeito, antes do verbo

De acordo com essa estrutura, o sujeito vem no começo da frase, seguido pela interrogativa do advérbio de tempo, seguido por verbo e objeto. Por exemplo:

你	几点	起床？
Nǐ	jǐ diǎn	qǐchuáng?

O significado literal é: "Você a que horas se levanta?".

A estrutura da resposta é a mesma da interrogativa: sujeito, seguido pelo advérbio de tempo, verbo e objeto, respectivamente. Por exemplo:

我	六点	起床。
Wǒ	liù diǎn	qǐchuáng.

O significado literal é: "Eu (às) 6 horas me levanto".

▶

Que horas são?: Parte B Lição 26

Pratique formar perguntas e respostas com essa estrutura de frase usando os verbos + objetos e os advérbios de tempo abaixo.

Tempo	Verbo + objeto
10h30	睡觉 shuìjiào
7h00	睡觉 chī zǎofàn
12h00	吃午饭 chī wǔfàn
9h00	上班 shàngbān
15h45	下课 xiàkè

Advérbio de tempo específico + lugar + ação

Quando você diz que alguém está fazendo algo em algum lugar em determinado momento, os advérbios de tempo vêm antes do lugar e da ação. Por exemplo:

我	四点半	在饭馆	等你。
Wǒ	sì diǎn bàn	zài fànguǎnr	děng nǐ.
Eu	(às) 4h30	no restaurante	espero.

Pratique o uso dessa estrutura de frase usando os seguintes advérbios de tempo, lugares e ações:

Advérbio de tempo	Lugar	Ação
下午四点 xiàwǔ sì diǎn	在网吧 zài wǎngbā	上网 shàngwǎng

中午十二点 zhōngwǔ shí'èr diǎn	在食堂 zài shítáng	吃饭 chīfàn
晚上 wǎnshang	在宾馆 zài bīnguǎn	上班 shàngbān
上午 shàngwǔ	在银行 zài yínháng	换钱 huànqián

Antes e depois

Pratique o uso de 以前 **yǐqián** (antes de) e 以后 **yǐhòu** (depois de).

Advérbios de tempo	*yǐqián/yǐhòu*	Sujeito	Ação
八点 Bā diǎn	以前 / 以后 yǐqián / yǐhòu	我 wǒ	洗澡。 xǐzǎo.

Eu tomo banho antes/depois das 8 horas.

七点半 qī diǎn bàn	起床 qǐchuáng
下课 xiàkè	休息 xiūxi
中午 zhōngwǔ	睡午觉 shuì wǔjiào
下班 xiàbān	去商店 qù shāngdiàn
找马丽莎 zhǎo Mǎ Lìshā	一起去餐厅 yìqǐ qù cāntīng
三点 sān diǎn	去网吧 qù wǎngbā
换钱 huànqián	买电话卡 mǎi diànhuàkǎ

Geralmente/às vezes

常常 **chángcháng** (geralmente) e 有时候 **yǒushíhou** (às vezes) também são usados como advérbios de tempo. Em perguntas, o uso dessas palavras é organizado com o sujeito aparecendo primeiro, seguido por **chángcháng** e depois o verbo + objeto. Por fim, vem o **"ma?"**.
Por exemplo:

你	常常	去饭馆	吗？
Nǐ	chángcháng	qù fànguǎn	ma?

Você geralmente vai a restaurantes?

Para responder, comece com o sujeito, seguido por **yǒushíhòu,** e pelo verbo (+ objeto). A resposta para a pergunta acima pode ser:

我	有时候	去。
Wǒ	yǒushíhòu	qù.

Eu às vezes vou.

Pratique o uso dessa estrutura de frase usando os verbos + objetos abaixo para formar perguntas e os verbos para formar as respostas.

Verbo + objeto	*Verbo*
换钱 huàn qián	换 huàn
去网吧 qù wǎngbā	去 qù
去商店 qù shāngdiàn	去 qù
买电话卡 mǎi diànhuà kǎ	买 mǎi
上汉语课 shàng Hànyǔkè	上 shàng

跟 gēn ... 一起 yìqǐ ...

A estrutura de frases com 跟 **gēn** ...
一起 **yìqǐ** ... (fazer algo com alguém) é:

Sujeito	***gēn*** + *pessoa* + *yìqǐ*	*Verbo*	*Objeto*
我	跟朋友一起	吃	饭。
Wǒ	gēn péngyou yìqǐ	chī	fàn.

Eu como com um amigo.

Pratique formar frases com essa estrutura utilizando as pessoas, verbos e objetos abaixo.

Pessoa	*Verbo*	*Objeto*
英国人	喝	咖啡
Yīngguórén	hē	kāfēi
王老师	去	换钱
Wáng lǎoshī	qù	huànqián
她	洗	衣服
tā	xǐ	yīfu
Liú小姐	去	商店
Liú xiǎojie	qù	shāngdiàn
马丽莎	上	课
Mǎ Lìshā	shàng	kè

Nota de pronúncia

Diferenças entre "j", "q", "x" e "zh", "ch", "sh"

Os falantes de português devem prestar muita atenção ao estudar as diferenças de pronúncia dos sons do mandarim, sobretudo das iniciais "j", "q", "x" e "zh", "ch", "sh". Você deve pronunciá-las corretamente para que o ouvinte possa distinguir sons comuns, como

jiā 家 *casa* e **xiā** 虾 *camarão* ou

quán 全 *completo* e **chuán** 船 *barco*

Os sons de "j", "q" e "x" são produzidos com a ponta da língua posicionada atrás dos dentes inferiores, e com a parte do meio da língua encostando na parte do céu da boca que fica mais próxima dos dentes superiores. Sua boca deve estar esticada (como se estivesse sorrindo) e os lábios próximos um ao outro.

Os sons de "zh", "ch" e "sh" são produzidos com a língua puxada um pouco mais para trás, "enrolada", com a ponta tocando levemente o céu da boca.

Note que as inicias "j", "q" e "x" apenas podem se combinar diretamente com as finais "i" ou "ü" (soletrado "u"). Por exemplo:

🔵 jī 鸡 frango   jiā 家 casa   juān 捐 doar
    qī 七 sete   qiā 掐 beliscar   quān 圈 círculo
    xī 西 oeste   xiā 虾 camarão   xuān 宣 declarar

Quando escutar os sons "j", "q" e "x" atenciosamente, você vai perceber que "i" ou "ü" estão sempre inclusos.

Lição 26 Que horas são?: Parte B

Exercícios de pronúncia

🔊 Leia as palavras a seguir em voz alta. Preste atenção às diferenças entre "j", "q", "x" e "zh", "ch" e "sh". Confira a sua pronúncia no CD.

Pīnyīn	*Ideogr.*	*Português*	*Pīnyīn*	*Ideogr.*	*Português*
1) júzi	桔子	tangerina	zhúzi	竹子	bambu
2) jūzi	锔子	pinça	zhūzi	珠子	pérola
3) jiāng	姜	gengibre	zhāng	张	abrir
4) qiū	秋	outono	chōu	抽	tirar (de dentro de algo)
5) qiáng	墙	parede	cháng	长	longo
6) xùn	训	treinar	shùn	顺	favorável, estável, suave
7) xuān	宣	anunciar	quān	圈	círculo
8) zhuān	专	especial	chuān	川	rio
9) qúnzi	裙子	saia	Xúnzǐ	荀子	sobrenome de um filósofo chinês
10) shàng	上	acima	xiàng	向	em direção a, para

🎧 Cada item abaixo tem um som inicial e um som final, que se combinam para formar uma palavra completa. Leia o som da inicial e da final, e então leia a palavra completa. Verifique sua pronúncia no áudio.

Grupo A:	Grupo B:	Grupo C:	Grupo D:
j iǔ	zh è	y (i) īng	z ài
q ián	ch ǎo	w (u) ǔ	c óng
x iǎo	sh āng	yu (ü) án	s ì

🎧 Pratique *pīnyīn* lendo as palavras abaixo em voz alta.

1) jiājù 家具 mobília
2) shāfā 沙发 sofá
3) zhuōzi 桌子 mesa, carteira
4) yǐzi 椅子 cadeira
5) shūguì 书柜 estante
6) cānzhuō 餐桌 mesa de jantar
7) diànshì 电视 televisão
8) chuáng 床 cama
9) shuāngrénchuáng 双人床 cama de casal
10) chújù 橱具 utensílio de cozinha
11) guō 锅 *wok*, frigideira
12) bīngxiāng 冰箱 geladeira

LIÇÃO

27 Que horas são?: Parte C

Exercício 1

🎧 Escute as palavras do CD e depois escreva em *pīnyīn* com as devidas marcas tonais nos campos abaixo.

1)_____ 11)_____

2)_____ 12)_____

3)_____ 13)_____

4)_____ 14)_____

5)_____ 15)_____

6)_____ 16)_____

7)_____ 17)_____

8)_____ 18)_____

9)_____ 19)_____

10)_____ 20)_____

Exercício 2

🎧 Leia e escute o diálogo e responda às questões abaixo. Primeiro estude este vocábulo:

开门 kāimén (abrir a porta)   离 lí (distância de)

A: *Americano(a)* 美国人 **Měiguórén**;

B: *Chinês(esa)* 中国人 **Zhōngguórén**

A: 我要换一点儿钱。你知道银行几点钟开门吗?

B: 银行九点钟开门。

▶

Que horas são?: Parte C Lição 27

A: 现在几点了？
B: 现在八点。
A: 银行离这儿远吗？
B: 不远。就在书店旁边。
A: 好。谢谢。
B: 不客气。

Responda:

1. A que horas essa conversa aconteceu? _____
_____

2. A que horas o banco abre? _____
_____

3. Por que o americano quer ir ao banco? _____
_____

4. Onde fica o banco? _____
_____

Escreva os horários em *pīnyīn* ou ideogramas:

14h00 _____   16h10 _____

18h15 _____   9h45 _____

10h05 _____   11h00 _____

8h30 _____   7h10 _____

12h00 _____   15h50 _____

17h55 _____   13h00 _____

Exercício 3

Exercício 4

Preencha as lacunas com as palavras interrogativas apropriadas.

1) 你早上 _____ 起床？

Nǐ zǎoshang _____ qǐchuáng?

2) 下课以后你做 _____ ？

Xiàkè yǐhòu nǐ zuò _____ ?

3) 你跟 _____ 一起去商店？

Nǐ gēn _____ yìqǐ qù shāngdiàn?

4) 晚上我去找你，_____ ？

Wǎnshang wǒ qù zhǎo nǐ _____ ?

5) 电话卡 _____ 钱一张？

Diànhuàkǎ _____ qián yì zhāng?

6) 厕所在 _____ ？

Cèsuǒ zài _____ ?

7) 你下午上班 _____ ？

Nǐ xiàwǔ shàngbān _____ ?

Exercício 5

Para ser capaz de se comunicar em mandarim, você precisará estar apto a falar de horários. Para praticar, traduza as frases abaixo para o mandarim. Escreva em *pīnyīn* ou ideogramas.

1. Que horas são agora? Faltam cinco (minutos) para as dez (horas). _____

_____

_____

Que horas são?: Parte C — Lição 27

2. Vamos jantar juntos à noite? _____
_____
_____

3. O que você está fazendo hoje? Depois de dar aula de inglês, eu vou à *lan house*. _____
_____
_____

4. Faltam quinze minutos para as quatro horas. Eu vou descansar. _____
_____
_____

5. Quando você dorme geralmente? Eu geralmente durmo às 11 horas da noite. _____
_____
_____

6. Às vezes eu tomo banho de manhã e às vezes à tarde.__
_____
_____

7. Eu vou para a aula de manhã e para o trabalho de tarde.
_____
_____

8. Eu saio do trabalho às 5 horas da tarde. _____
_____
_____

Sistema de 12 horas e 24 horas

Na China, o sistema de 24 horas é utilizado pela mídia, pelo governo e pelo setor empresarial, assim como em horários oficiais, como em horários de trens e aviões. Entretanto, no dia a dia é muito comum as pessoas utilizarem o sistema de 12 horas e acrescentar "manhã", "tarde" ou "noite": **shàngwǔ qī diǎn (7 horas da manhã)**, **xiàwǔ sì diǎn** (4 horas da tarde), ou **wǎnshàng jiǔ diǎn** (9 horas da noite).

Horários de funcionamento de lojas, restaurantes e órgãos governamentais

Lojas e restaurantes funcionam nos sete dias da semana. Agências governamentais, incluindo bancos e escritórios, funcionam de segunda à sexta. O horário de atendimento é das 8h30 às 17h30, com uma a duas horas de intervalo para almoço, por volta do meio-dia.

LIÇÃO

Calendário: Parte A

28

🔊 Expressões-chave

今天星期几？ Jīntiān xīngqījǐ?	Que dia da semana é hoje?
周末我洗衣服。 Zhōumò wǒ xǐ yīfu.	Eu lavo roupas nos finais de semana.
八月十号是我的生日。 Bāyuè shí hào shì wǒde shēngrì.	Dia 10 de agosto é meu aniversário.
我今年二十岁。 Wǒ jīnnián èrshí suì.	Eu faço vinte anos (de idade) neste ano.

🔊 Vocabulário I · 生词一

Ideogramas	Pīnyīn	Português
今天	jīntiān	hoje
星期几	xīngqījǐ	Qual o dia da semana?
星期	xīngqī	semana
星期二	xīngqī'èr	terça-feira
明天	míngtiān	amanhã
星期三	xīngqīsān	quarta-feira

Ideogramas	Pīnyīn	Português
每	měi	todo, cada
每天	měi tiān	todo dia, diariamente
星期五	xīngqīwǔ	sexta-feira
节	jié	seção, segmento, período (de uma aula), festival, feriado
钟头	zhōngtóu	hora (duração de tempo)
对	duì	certo, correto
不对	búduì	errado, incorreto
只有	zhǐyǒu	apenas, apenas se
星期一	xīngqīyī	segunda-feira
星期四	xīngqīsì	quinta-feira
天	tiān	dia
工作	gōngzuò	trabalhar, trabalho
外国	wàiguó	país estrangeiro
公司	gōngsī	empresa, corporação, firma
做	zuò	fazer; atuar como, agir como, ser, tornar-se

Calendário: Parte A

Ideogramas	*Pīnyīn*	*Português*
翻译	fānyì	traduzir, interpretar, tradutor, intérprete
周末	zhōumò	final de semana
星期六	xīngqīliù	sábado
家	jiā	casa, família
休息	xiūxi	descansar
洗	xǐ	lavar
衣服	yīfu	roupa, vestimenta
洗衣服	xǐ yīfu	lavar roupa
星期日	xīngqīrì	domingo
看	kàn/kān	ver, assistir, ler, cuidar de
电视	diànshì	televisão
可能	kěnéng	poder, possível
电影	diànyǐng	filme

Lição 28 — Calendário: Parte A

🔊 *Diálogo I* · 对话一

PERSONAGENS A: 周文 *Zhóu Wén*;
B: 马明 *Mǎ Míng*

A. 今天星期几？
Jīntiān xīngqījǐ?

B. 星期二。
Xīngqī'èr.

A. 明天星期三。我有中文课。
Míngtiān xīngqīsān. Wǒ yǒu Zhōngwénkè.

B. 你每天都有中文课吗？
Nǐ měitiān dōu yǒu Zhōngwénkè ma?

A. 不，星期三和星期五下午我有中文课，学中文。
Bù, xīngqīsān hé xīngqīwǔ xiàwǔ wǒ yǒu Zhōngwénkè, xué Zhōngwén.

B. 你每天上几节中文课？
Nǐ měitiān shàng jǐ jié Zhōngwénkè?

A. 两节。
Liǎng jié.

B. 一节课是一个钟头，对不对？
Yì jié kè shì yí ge zhōngtóu[6], duì búduì?

A. 不。一节课只有五十分钟。
Bù. Yì jié kè zhǐyǒu wǔshí fēnzhōng.

B. 星期一，星期二和星期四你都没有课吗？
Xīngqīyī, xīngqī'èr hé xīngqīsì nǐ dōu méiyǒu kè ma?

A. 这三天我工作，我在一个外国公司做翻译。
Zhè sān tiān wǒ gōngzuò. Wǒ zài yí ge wàiguó gōngsī zuò fānyì.

▶

Calendário: Parte A   Lição 28

B. 这个周末你做什么？
Zhè ge zhōumò nǐ zuò shénme?

A. 星期六在家休息,洗衣服。星期日看电视,也可能去看电影。
Xīngqīliù zài jiā xiūxi, xǐ yīfu. Xīngqīrì kàn diànshì, yě kěnéng qù kàn diànyǐng.

Tradução do Diálogo I

A: Que dia da semana é hoje?

B: Terça-feira.

A: Amanhã é quarta-feira. Eu tenho aula de chinês.

B: Você tem aula de chinês todo dia?

A: Não, eu tenho aula de chinês às quartas e sextas-feiras à tarde; eu estudo chinês.

B: Quantas aulas de chinês você tem por dia?

A: Duas.

B: Cada aula é de uma hora, certo?

A: Não. Cada aula é de apenas cinquenta minutos.

B: Você não tem aulas nas segundas, terças e quintas-feiras?

A: Nesses três dias eu trabalho. Eu sou tradutor em uma empresa estrangeira.

B: O que você vai fazer neste final de semana?

A: Eu vou descansar e vou lavar roupas no sábado. Vou assistir televisão no domingo. Talvez eu vá ao cinema.

No diálogo, 几 **jǐ** (quantos, qual) é uma interrogação utilizada para perguntar datas, horas ou números:

几月 jǐyuè?	Qual mês?
几号 jǐhào?	Qual data?/Qual número?
几点 jǐdiǎn?	Que horas?/A que horas?
星期几 xīngqījǐ?	Qual dia da semana?

Quando sucedido por um classificador, 几 **jǐ** também é usado para perguntar a quantidade de algo. Por exemplo:

几个钟头 jǐ ge zhōngtóu?	Quantas horas?
几分钟 jǐ fēnzhōng?	Quantos minutos?
几天 jǐtiān?	Quantos dias?
几年 jǐnián?	Quantos anos?

中文 **Zhōngwén** (língua chinesa)

Existem quatro formas de se referir à língua chinesa. 中文 **Zhōngwén** originalmente se referia à língua escrita, mas atualmente também inclui a língua falada. Um termo mais preciso é 汉语 **Hànyǔ**, que abrange tanto a língua escrita quanto a falada. 中国话 **Zhōngguóhuà** é o termo coloquial para a língua chinesa falada. 普通话 **Pǔtōnghuà** é o nome oficial do mandarim.

每天 **měi tiān** + **dōu** + verbo

Em mandarim, 每天 **měi tiān** significa "todo dia", "diariamente". 都 **dōu** (todos) é posicionado antes do verbo e enfatiza o ato de fazer algo todo dia.

Calendário: Parte A — Lição 28

学 **xué** (estudar) como verbo transitivo pode ser seguido de um substantivo, como em 学中文 **xué Zhōngwén** (estudar chinês) e 学英文 **xué Yīngwén** (estudar inglês). Também pode ser seguido de outro verbo, como em 学数数 **xué shǔ shù** (aprender a contar).

节 **jié** (seção, extensão, segmento) é um classificador para períodos de aulas, vagões de trem, pilhas e baterias. 一节课 **yì jié kè** significa "um período de aula".

Ao contar a quantidade de horas, use o classificador 个 **ge** antes de 钟头 **zhōngtóu** (hora):

一个钟头 yí ge zhōngtóu   uma hora

四个钟头 sì ge zhōngtóu   quatro horas

个 **ge** também é usado com o termo mais formal 小时 **xiǎoshí** (hora): 一个小时 **yí ge xiǎoshí** (uma hora).

分钟 **fēnzhōng** (minuto) é usado para contar minutos (duração de tempo).

休息 **xiūxi** (descansar, relaxar) é um verbo intransitivo que não pode ser sucedido por um substantivo, mas pode ser seguido por uma palavra ou expressão de duração de tempo.

休息十分钟 xiūxi shí fēnzhōng	descansar por dez minutos.
休息一会儿 xiūxi yí huìr	descansar (fazer um intervalo) por um "tempinho"

Vocabulário II · 生词二

Ideogramas	Pīnyīn	Português
号	hào	data, número (de telefones, endereços)
几号	jǐhào	Qual data/dia (do mês)? Qual número?
月	yuè	mês
八月	bāyuè	agosto
生日	shēngrì	aniversário
哪年	nǎnián	Qual ano?
年	nián	ano
出生	chūshēng	nascer
生	shēng	dar a luz a, nascer, crescer, vida, cru
今年	jīnnián	este ano, presente ano
岁	suì	idade
多大	duōdà	Quantos anos?
四月	sìyuè	abril
大	dà	velho (idade)

▶

Ideogramas	Pīnyīn	Português
过	guò	atravessar, passar por, cruzar, ir adiante, celebrar, passar (o tempo)
过生日	guò shēngrì	comemorar aniversário
明年	míngnián	próximo ano
想	xiǎng	querer, pensar
星期天	xīngqītiān	domingo
昨天	zuótiān	ontem
前天	qiántiān	anteontem
后天	hòutiān	depois de amanhã
上个	shàng ge	anterior, passado, primeira parte de
上个星期	shàng ge xīngqī	semana passada
这个星期	zhè ge xīngqī	esta semana
下个	xià ge	próximo, seguinte; segundo, posterior
下个星期	xià ge xīngqī	próxima semana

Lição 28 — Calendário: Parte A

Ideogramas	Pīnyīn	Português
每个	měi ge	todo, cada
每个星期	měi ge xīngqī	toda semana, semanalmente
去年	qùnián	ano passado
上个月	shàng ge yuè	mês passado
这个月	zhè ge yuè	este mês
下个月	xià ge yuè	próximo mês

Diálogo II · 对话二

PERSONAGENS A: Estrangeiro 外国人 *wàiguórén*;
B: Chinesa 中国人 *Zhōngguórén*

A. 今天几号？
Jīntiān jǐ hào?

B. 今天八月十号。
Jīntiān bāyuè shí hào.

A. 明天八月十一号，是我的生日。
Míngtiān bāyuè shíyī hào, shì wǒde shēngrì.

B. 你是哪年出生的？
Nǐ shì nǎnián chūshēng de?

Calendário: Parte A Lição 28

A. 我是一九八五年生的。我今年二十一岁了。你呢？你多大了？
Wǒ shì yī jiǔ bā wǔ nián shēng de. Wǒ jīnnián èrshíyī suì le. Nǐ ne? Nǐ duō dà le?

B. 我今年三十九岁。
Wǒ jīnnián sānshíjiǔ suì.

A. 你的生日是哪天？
Nǐde shēngrì shì nǎ tiān?

B. 我的生日是四月六号。我是在美国过的生日。
Wǒde shēngrì shì sìyuè liù hào. Wǒ shì zài Měiguó guò de shēngrì.
明天我们在北京给你过生日。
Míngtiān wǒmen zài Beijing gěi nǐ guò shēngrì.

A. 太好了！谢谢！
Tài hǎo le! Xièxie!

B. 明年我也想在北京过生日。
Míngnián wǒ yě xiǎng zài Běijīng guò shēngrì.

Tradução do Diálogo II

A: Que dia é hoje?

B: Hoje é 10 de agosto.

A: Amanhã é 11 de agosto, é meu aniversário.

B: Em que ano você nasceu?

A: Eu nasci em 1985. Eu faço 21 anos de idade este ano. E você? Quantos anos você tem?

B: Eu faço 39 este ano.

A: Que dia é seu aniversário?

B: Meu aniversário é no dia 6 de abril. Eu comemorei meu aniversário nos Estados Unidos. Amanhã nós vamos comemorar o seu aniversário em Pequim.

A: Que legal! Obrigado.

B: Eu quero comemorar meu aniversário em Pequim no ano que vem também.

你多大了? **Nǐ duō dà le?** (quantos anos você tem?) é uma pergunta que deve ser feita para alguém da mesma geração que você. Para saber a idade de pessoas mais velhas, deve ser usada uma abordagem mais respeitosa, com 您 **nín** em vez de 你 **nǐ**: 您多大年纪了? **Nín duō dà niánjì le?**" (Quantos anos você tem?). Para perguntar a idade de crianças abaixo de dez anos, use: 你几岁了? **Nǐ jǐ suì le?** (Quantos anos você tem?). Isso acontece porque **jǐ** 几 é geralmente usado para números inferiores a dez.

LIÇÃO 29

Calendário: Parte B

Os dias da semana

Até muito recentemente, os chineses costumavam agrupar os dias apenas em meses, e não em semanas. Depois, no começo do século XX, o conceito de *semana* 星期 **xīngqī** foi adotado do Ocidente. Não existem nomes específicos para os sete dias da semana em mandarim. Os dias de segunda a sábado são simplesmente nomeados com 星期 **xīngqī** seguido por um número de um a seis, e domingo é nomeado como 星期 **xīngqī** seguido por 日 **rì** ou 天 **tiān**. O significado literal de 星期 **xīngqī** é "período estelar".

Dia da semana em português	*Xīngqī + número*
Segunda-feira	星期 xīngqī 一 yī
Terça-feira	星期 xīngqī 二 èr
Quarta-feira	星期 xīngqī 三 sān
Quinta-feira	星期 xīngqī 四 sì
Sexta-feira	星期 xīngqī 五 wǔ
Sábado	星期 xīngqī 六 liù
Domingo	星期 xīngqī 日 rì / 星期天 xīngqītiān

Descrição do tempo

anteontem	前天 qiántiān
ontem	昨天 zuótiān
hoje	今天 jīntiān
amanhã	明天 míngtiān

depois de amanhã	后天	hòutiān
ano passado	去年	qùnián
este ano	今年	jīnnián
próximo ano	明年	míngnián

Classificadores em datas

Você deve ter notado 这三天 **zhè sān tiān** (estes três dias) e 这个周末 **zhè ge zhōumò** (este final de semana) nos diálogos da Lição 28. Quando contar 天 **tiān** (dias) ou 年 **nián** (anos), não há necessidade de classificador. Por exemplo:

三天 sān tiān	três dias
两年 liǎng nián	dois anos

Mas quando for contar 星期 **xīngqī** (semanas) ou 月 **yuè** (meses), o classificador 个 **ge** deve ser adicionado antes de 星期 **xīngqī** e 月 **yuè**. Por exemplo:

三个星期 sān ge xīngqī	três semanas
两个月 liǎng ge yuè	dois meses

这个 **zhè ge** (este, esta, isto) indica o presente dia, a semana, o final de semana, mês etc. Diferentemente do português, um dia dentro da semana corrente pode ser modificado por 这个 **zhè ge** não importando se o dia já passou ou está por vir. 上个 **shàng ge** significa "anterior", "passado", 下个 **xià ge** significa "próximo", "seguinte" e 每个 **měi ge** significa "todo", "cada".

这个星期三 zhè ge xīngqīsān	esta quarta-feira
这个周末 zhè ge zhōumò	este final de semana
下个周末 xià ge zhōumò	próximo final de semana
上个星期 shàng ge xīngqī	semana passada

Calendário: Parte B   Lição 29

下个星期 xià ge xīngqī		próxima semana
每个星期 měi ge xīngqī		toda semana
上个月 shàng ge yuè		mês passado
下个月 xià ge yuè		próximo mês
每个月 měi ge yuè		todo mês

Meses

Os nomes dos doze meses são facilmente combinados com o número correspondente a cada mês de um a doze e 月 **yuè** (mês).

Português	*Número*	+	月 *yuè*
Janeiro	一 yí		月 yuè
Fevereiro	二 èr		月 yuè
Março	三 sān		月 yuè
Abril	四 sì		月 yuè
Maio	五 wǔ		月 yuè
Junho	六 liù		月 yuè
Julho	七 qī		月 yuè
Agosto	八 bā		月 yuè
Setembro	九 jiǔ		月 yuè
Outubro	十 shí		月 yuè
Novembro	十一 shíyī		月 yuè
Dezembro	十二 shí'èr		月 yuè

Os dias do mês são nomeados pela combinação de um número de 1 a 31 com 号 **hào** ou 日 **rì** (dia).

一号 yí hào, 二号 èr hào, 三号 sān hào...三十一号 sānshíyí hào

Sequência ano, mês, dia

Se o mês é informado, ele deve ser posicionado antes do dia, então "1º de janeiro" é 一月一号 **yíyuè yí hào**. Assim como você já aprendeu como expressar o tempo em mandarim, a sequência das unidades de tempo é da maior para a menor. Então, para as datas, a sequência é ano, mês, dia.
Por exemplo:

2004年1月1号下午5点 èr líng líng sì nián yí yuè yí hào xiàwǔ wǔ diǎn	5 horas da tarde de 1º de janeiro de 2004.
去年三月五号 qùnián sānyuè wǔ hǎo	5 de março do ano passado

是 **shì** (ser) geralmente é omitido quando expressa tempo na afirmativa, mas é necessário para a forma negativa, com 不是 **búshì** (não ser), por exemplo:

今天星期一。 Jīntiān xīngqīyī.	Hoje (é) segunda-feira.
他十九岁。 Tā shíjiǔ suì.	Ele (tem) dezenove anos de idade.
今天不是八月十号。 Jīntiān búshì bāyuè shí hào.	Hoje não é 10 de agosto.

Frases com 是 shì ... 的 de

Essa estrutura de frase é utilizada para enfatizar o tempo, o lugar ou a forma em que uma ação ou fato ocorreu no passado. Por exemplo, a forma de perguntar a idade de alguém enfatiza um ano específico:

Calendário: Parte B

你是哪年出生的？ Nǐ shì nǎ nián chūshēng de?	Em que ano você nasceu?
我是1981年生的。 Wǒ shì yī jiǔ bā yī nián shēng de.	Eu nasci em 1981.

O próximo exemplo enfatiza a forma de uma ação:

我是坐车去的。 Wǒ shì zuò chē qù de.	Eu fui de ônibus.

Se o verbo indicando ação ou fato for uma combinação verbo-objeto, 的 **de** pode ser posicionado entre o verbo e o objeto ou depois do verbo-objeto, sem diferença no significado. Por exemplo:

你是在哪儿换的钱？ Nǐ shì zài nǎr huàn de qián?	Onde você trocou o seu dinheiro?

ou

你是在哪儿换钱的？ Nǐ shì zài nǎr huànqián de?	Onde você trocou o seu dinheiro?

Como dizer o ano

O ano é dito dígito a dígito, seguido pela palavra 年 **nián** (ano):

一九八一年 yī jiǔ bā yī nián	1981
二〇〇四年 èr líng líng sì nián	2004

Que dia é?

Para perguntar os dias da semana em mandarim, inicie a frase com os advérbios de tempo "ontem", "hoje", "amanhã" etc. seguido por 几 **jǐ**.

今天	星期	几?	
Jīntiān	xīngqī	jǐ?	*Que dia da semana é hoje?*

Para responder a essa pergunta, utilize simplesmente a mesma estrutura, mas troque 几 **jǐ** pelo número correspondente ao dia da semana.

今天	星期一。	
Jīntiān	xīngqīyī.	*Hoje é segunda-feira.*

Pratique os dias da semana, como no exemplo, usando os advérbios de tempo e os dias da semana a seguir.

Advérbio de tempo	*Dias da semana*
明天	星期五
míngtiān	xīngqīwǔ
昨天	星期三
zuótiān	xīngqīsān
前天	星期二
qiántiān	xīngqīèr
后天 (depois de amanhã)	星期四
hòutiān	xīngqīsì
六号	星期六
liù hào	xīngqīliù
十五号	星期日
shíwǔ hào	xīngqīrì
二十七号	星期天
èrshíqī hào	xīngqītiān

Calendário: Parte B — Lição 29

Classificadores

Quando se fala de dias (天 **tiān**) ou anos (年 **nián**), nenhum classificador é necessário. Mas quando se referir a semanas ou meses, o classificador 个 **ge** é necessário.

Pratique dizer quantos dias ou anos com os números a seguir, usando 天 **tiān** ou 年 **nián**.

Número	**tiān**	*Número*	**nián**
一	天	一	年
yì	tiān	yì	nián
Número		*um ano*	
五		三	
两		四	
九		十	
三十一		十五	
二十		一百	
七十		六十	

Pratique dizer quantas semanas ou meses utilizando os números abaixo com o classificador 星期 **xīngqī**, *semana* ou 月 **yuè**, *mês*.

Número	**ge**	*Semana*	*Número*	**ge**	*Mês*
一	个	星期	一	个	月
yí	ge	xīngqī	yí	ge	yuè
uma semana			*um mês*		
三			两		
六			五		
十			十二		
四			七		
八			九		

Lição 29 — Calendário: Parte B

Perguntando quando é o aniversário de alguém

Para perguntar quando é o aniversário de alguém, fale:

你	的	生日	是	几月几号？	
Nǐ	de	shēngrì	shì	jǐyuè jǐhào?	Quando é o seu aniversário?

Para responder a essa pergunta, comece com o sujeito (meu, dele etc.) + aniversário, seguido pelo verbo e depois pela data. Por exemplo:

我的	生日	是	五月 七号。	
Wǒde	shēngrì	shì	wǔyuè qī hào.	Meu aniversário é dia 7 de maio.

Pratique fazer perguntas e respostas sobre datas de aniversário, utilizando os sujeitos e as datas abaixo.

Sujeito	*Data*
他	十月一号
tā	shíyuè yí hào
王小姐	八月六号
Wáng xiǎojie	bāyuè liù hào
你朋友	四月九号
nǐ péngyou	sìyuè jiǔ hào
中文老师	六月三十一号
Zhōngwén lǎoshī	liùyuè sānshíyī hào
英文老师	十二月十五号
Yīngwén lǎoshī	shí'èryuè shíwǔ hào

Para perguntar o que uma pessoa faz em determinado dia ou momento, utilize a seguinte estrutura:

Tempo	*Sujeito*	*Verbo*	*Interrogativo*
周末	你	做	什么？
Zhōumò	nǐ	zuò	shénme?

▶

O significado literal é: "Final de semana você faz o quê?" ou "O que você faz no final de semana?".

Para responder, utilize apenas o sujeito seguido pelo verbo e o objeto para descrever as atividades.

我	洗	衣服。
Wǒ	xǐ	yīfu.

Eu lavo roupas.

Pratique formar perguntas e respostas para a questão "O que você faz no...?" utilizando os tempos, verbos e objetos abaixo.

Tempo	*Verbo*	*Objeto*
星期三	上	中文课
xīngqīsān	shàng	Zhōngwénkè
星期二上午	教	英语
xīngqī'èr shàngwǔ	jiāo	Yīngyǔ
星期日下午	休息	
xīngqīrì xiàwǔ		xiūxi
明天	去	商店
míngtiān	qù	shāngdiàn
今天晚上	看	电视
jīntiān wǎnshang	kàn	diànshì
这个星期六	看	电影
zhè ge xīngqīliù	kàn	diànyǐng
星期四上午	去	换钱
xīngqīsì shàngwǔ	qù	huànqián
中午	睡	午觉
zhōngwǔ	shuì	wǔjiào

Nota de pronúncia

Pronúncia precisa de "u"

É muito comum os falantes do português se equivocarem na pronúncia de 五 **wǔ** com "u" não longo o suficiente em mandarim. Por exemplo:

Pīnyīn	Ideogramas	Português
1) wǔ	五	cinco
2) wūzi	屋子	quarto
3) wǔshù	武术	artes marciais
4) tǔdì	土地	terra
5) gǔdài	古代	época antiga, antiguidade
6) mǔqin	母亲	mãe
7) dǔchē	堵车	trânsito
8) dúyào	毒药	veneno

Exercícios de pronúncia

Leia as palavras e expressões abaixo em voz alta, prestando atenção à pronúncia da final "u"

Pīnyīn	Ideogramas	Português
1) wūyún	乌云	nuvem preta
2) wūguī	乌龟	tartaruga
3) wūlóngchá	乌龙茶	chá *oolong*
4) Wúxī	无锡	(nome de uma cidade da província de 江苏 Jiāngsū)

Calendário: Parte B — Lição 29

Pīnyīn	Ideogramas	Português
5) wúhuāguǒ	无花果	figo
6) wúmíng	无名	desconhecido, sem nome
7) wǔqì	武器	arma, armamento
8) wǔlì	武力	força militar
9) wǔyuè	五月	mês de maio
10) wǔxīng	五星	cinco estrelas
11) wǔfàn	午饭	almoço
12) kùzi	裤子	calça
13) wùhuì	误会	mal-entendido
14) wùlǐ	物理	física
15) wùjià	物价	preço do produto (da *commodity*)
16) gūlì	孤立	isolado
17) Tánggū	塘沽	nome anterior do distrito de 天津 Tiānjīn, agora é o nome de uma parte de um subdistrito de 天津 Tiānjīn
18) Zhūjiāng	珠江	Rio de Pérola, em 广东 Guǎngdōng
19) zūjīn	租金	aluguel
20) dúlì	独立	independente
21) dúshū	读书	estudar
22) tòngkǔ	痛苦	dor, sofrimento
23) zǔguó	祖国	terra natal
24) dùzi	肚子	estômago

Lição 29 — Calendário: Parte B

Exercícios de pronúncia

🔊 Leia as palavras abaixo em voz alta. São nomes de frutas, vegetais e comidas e lhe ajudarão a praticar a pronúncia em mandarim, enquanto você aprende novos termos utilizados no dia a dia na China.

1) shuǐguǒ 水果 fruta
2) lí 梨 pera
3) pútao 葡萄 uva
4) táo 桃 pêssego
5) lìzhī 荔枝 lichia
6) xiāngjiāo 香蕉 banana
7) píngguǒ 苹果 maçã
8) júzi 桔子 tangerina
9) shūcài 蔬菜 vegetal, legume
10) bōcài 菠菜 espinafre
11) báicài 白菜 repolho chinês
12) tǔdòu 土豆 batata
13) biǎndòu 扁豆 feijão-branco
14) xiǎocōng 小葱 cebolinha
15) qīngjiāo 青椒 pimentão verde
16) xīhóngshì 西红柿 tomate
17) shēngcài 生菜 alface
18) tiáoliào 调料 temperos
19) yán 盐 sal
20) hújiāo 胡椒 pimenta
21) báitáng 白糖 açúcar
22) cù 醋 vinagre
23) jiàngyóu 酱油 molho de soja
24) guàntóu 罐头 comida enlatada
25) yóu 油 óleo
26) làjiāojiàng 辣椒酱 molho de pimenta
27) shípǐn 食品 comida, alimento
28) miànbāo 面包 pão
29) miànfěn 面粉 farinha
30) mǐ 米 arroz cru
31) miàntiáo 面条 macarrão
32) bāozi 包子 pão recheado cozido no vapor
33) jiǎozi 饺子 bolinhos em formato de meia-lua cozidos na água ou no vapor (guioza)

Calendário: Parte B Lição 29

34) rìyòngpǐn 日用品 produtos de uso diário
35) féizào 肥皂 sabão, sabonete
36) shūzi 梳子 pente
37) wèishēngzhǐ 卫生纸 papel higiênico
38) jiǎnzi 剪子 tesoura
39) xǐfàjì 洗发剂 xampu
40) yáshuā 牙刷 escova de dente
41) máojīn 毛巾 toalha
42) yágāo 牙膏 pasta de dente
43) zhījiadāo 指甲刀 cortador de unha
44) guāhúdāo 刮胡刀 lâmina de barbear

Leia as palavras abaixo. Elas lhe ajudarão a praticar a pronúncia em mandarim enquanto você aprende algumas profissões comuns no dia a dia da China.

1) yóudìyuán 邮递员 carteiro
2) dǎgōngmèi 打工妹 garota do campo que trabalha na cidade
3) xiǎoshígōng 小时工 trabalho pago por hora (trabalho informal)
4) qīngjiégōng 清洁工 zelador, funcionário da limpeza
5) fù xiàozhǎng 副校长 vice-presidente, vice-diretor
6) zǔzhǎng 组长 líder de grupo
7) xuézhě 学者 estudante, estudioso
8) bānzhǎng 班长 representante de classe
9) yánjiūshēng 研究生 estudante de pós-graduação
10) yánjiūyuán 研究员 pesquisador
11) xìzhǔrèn 系主任 chefe de departamento
12) jiémù zhǔchírén 节目主持人 apresentador de televisão
13) biānjì 编辑 editor
14) shèyǐngshī 摄影师 cinegrafista
15) shīrén 诗人 poeta

255

LIÇÃO

30 Calendário: Parte C

Exercício 1

🔊 Leia e escute o diálogo abaixo e responda às perguntas.

Primeiro estude este novo vocabulário:

  糟糕 zāogāo (terrível, lamentável)
  功课 gōngkè (lição de casa)
  什么时候 shénme shíhòu (quando, a que horas)
  时间 shíjiān (tempo)
  快 kuài (rápido, rapidamente)

A: 今天星期几？

B: 今天星期四。

A: 今天不是星期五吗？

B: 不是。今天不是星期五，今天是星期四。

A: 糟糕！今天我有中文课。我的功课还没做呢。

B: 你昨天为什么没做呢？

A: 昨天下课以后我去银行换钱了。回来以后又看了一会儿电视，就没做功课。

B: 今天你什么时候有中文课？

A: 今天下午两点我有中文课。现在几点了？

B: 现在是九点半。还有时间，你快做吧。

Responda:

1. Que dia é hoje? _____

_____

▶

Calendário: Parte C — Lição 30

2. Qual aula o personagem "A" tem hoje e a que horas? _____
_____
_____

3. Ele tem algum problema em relação à aula? _____
_____
_____

4. Quando a conversa aconteceu? _____
_____
_____

Escreva os sete dias da semana em *pīnyīn* ou ideogramas nas lacunas abaixo.

Exercício 2

Segunda-feira _____

Sábado _____

Terça-feira _____

Sexta-feira _____

Quarta-feira _____

Domingo _____

Quinta-feira _____

Lição 30   Calendário: Parte C

Exercício 3 Escreva os doze meses do ano com *pīnyīn* ou ideogramas nas lacunas abaixo.

Janeiro _____

Novembro _____

Julho _____

Outubro _____

Fevereiro _____

Dezembro _____

Junho _____

Março _____

Maio _____

Agosto _____

Abril _____

Setembro _____

Calendário: Parte C   Lição 30

Escreva nos campos abaixo o mês e o dia do feriado nacional do Brasil (7 de setembro), Canadá (1º de julho), Estados Unidos (4 de julho), República Popular da China (1º de outubro) e Taiwan (10 de outubro) em *pīnyīn* ou ideogramas.

Brasil: _____

Canadá: _____

Estados Unidos: _____

República Popular da China: _____

Taiwan: _____

Exercício 4

Traduza as frases abaixo para o mandarim e escreva em *pīnyīn* ou ideogramas nas lacunas abaixo.

1) segunda-feira de manhã _____

2) terça-feira às 3h30 da tarde _____

3) 4 de julho de 1776 _____

4) 1º de maio de 2001 _____

5) 1º de outubro de 1949 _____

6) domingo à tarde _____

Exercício 5

Preencha os campos de cada frase, prestando atenção se o classificador é necessário.

1) _____ 年有 _____ 月。
   (um)   nián yǒu   yuè.

2) _____ 月有 _____ 天。
  (Janeiro) yuè yǒu   tiān.

Exercício 6

3) _____ 星期有 _____ 天。
   (um)   xīngqī yǒu   tiān.

4) _____ 星期三是 _____ 月 _____ 号。
   (próximo) xīngqīsān shì   yuè   hào.

5) _____ 年我是 _____ 岁。
   (este)   nián wǒ shì   suì.

6) _____ 月我去中国。
   (próximo) yuè wǒ qù Zhōngguó.

7) 我 _____ 天有三节课。
   Wǒ *(todo)* tiān yǒu sān jié kè.

Exercício 7

Para se comunicar em mandarim, você precisa estar apto a falar sobre a sua agenda. Para se preparar, traduza as frases abaixo para o mandarim. Escreva em *pīnyīn* ou ideogramas.

1) Amanhã é sexta-feira. Eu tenho aula de chinês à tarde. __
_____

2) Você dá aula de inglês na terça e na quarta-feira?_____
_____
_____

3) Dia 15 de dezembro é meu aniversário. Eu quero comemorar meu aniversário na China. _____
_____
_____

4) Eu lavo roupas todo sábado e assisto televisão no domingo.
_____
_____

5) Eu vou ao Banco da China trocar dinheiro na segunda-feira. _____

_____

_____

Calendário chinês

Como muitos países no mundo, a China utiliza o calendário solar (阳历 **yánglì**), que se baseia na rotação ao redor do sol em 365 dias. No entanto, as datas dos feriados tradicionais chineses são determinadas pelo calendário lunar (阴历 **yīnlì**), baseado na rotação da lua ao redor da Terra, com 29 ou 30 dias e 12 meses por ano, totalizando 354 dias. Os calendários solares chineses geralmente possuem informações sobre o calendário lunar com um destaque pequeno.

Rio Qínhuái em Nánjīng.

Horóscopo chinês (生肖 shēngxiāo)

Doze animais representam doze ramos terrestres, que simbolizam o ano em que a pessoa nasceu. Tradicionalmente, acredita-se que cada animal reflete uma personalidade na pessoa e influencia na escolha matrimonial. Quando você procurar o seu animal do horóscopo chinês, lembre-se de usar o ano de acordo com o calendário lunar, que começa entre o final de janeiro ou início de fevereiro do calendário solar.

鼠 shǔ (rato)	1996	1984	1972	1960	1948	1936
牛 niú (boi)	1997	1985	1973	1961	1949	1937
虎 hǔ (tigre)	1998	1986	1974	1962	1950	1938
兔 tù (coelho)	1999	1987	1975	1963	1951	1939
龙 lóng (dragão)	2000	1988	1976	1964	1952	1940
蛇 shé (cobra)	2001	1989	1977	1965	1953	1941
马 mǎ (cavalo)	2002	1990	1978	1966	1954	1942
羊 yáng (carneiro)	2003	1991	1979	1967	1955	1943
猴 hóu (macaco)	2004	1992	1980	1968	1956	1944
鸡 jī (galo)	2005	1993	1981	1969	1957	1945
狗 gǒu (cachorro)	2006	1994	1982	1970	1958	1946
猪 zhū (porco)	2007	1995	1983	1971	1959	1947

Festivais tradicionais da China

Existem muitos festivais tradicionais chineses:

O FESTIVAL DE LANTERNAS (元宵节 **Yuánxiāojié**), no 15º dia do primeiro mês do calendário lunar (em janeiro ou fevereiro), marca o fim do Festival da Primavera. As pessoas penduram lanternas e comem bolinhos cozidos feitos à base de farinha de arroz (汤圆 **tāngyuán**).

O FESTIVAL QINGMING (清明节 **Qīngmíngjié**), em 5 de abril, é para o luto dos ancestrais dos chineses. Atividades tradicionais incluem varrer as sepulturas dos antepassados, oferecer alimentos em sacrifícios, além de queimar papéis que imitam dinheiro para que o falecido possa gastar em seu mundo.

O FESTIVAL DO BARCO DO DRAGÃO (端午节 **Duānwǔjié**), acontece no quinto dia do quinto mês lunar (em abril ou maio) e comemora o aniversário de falecimento de **Qū Yuán** (475–221 a.C.), o pai da poesia chinesa. As pessoas comem bolinhos de arroz glutinoso com folhas de lótus (粽子 **zòngzi**). Em algumas regiões, há também corridas de barcos em forma de dragão.

O FESTIVAL DE MEIO DO OUTONO OU FESTIVAL DA LUA (中秋节 **Zhōngqiūjié**), acontece no 15º dia do oitavo mês do calendário lunar (em setembro ou outubro) e comemora uma rebelião malsucedida contra a dominação mongol na dinastia Yuan (1271-1368). É o festival para a reunião familiar. Na véspera do Festival de Meio do Outono, após o jantar, as pessoas observam a lua enquanto comem "bolinhos da lua" (月饼 **yuèbing**) e frutas.

Respostas

Lição 3

Exercício 1:
1) China — Zhōngguó
2) Hong Kong — Xiānggǎng
3) Cingapura — Xīnjiāpō
4) Suécia — Ruìdiǎn
5) Coreia — Cháoxiān
6) Japão — Rìběn
7) Suíça — Ruìshì
8) Canadá — Jiānádà
9) Espanha — Xībānyá
10) Escócia — Sūgélán

Exercício 2:
1) Xī'ān 西安
2) Wǔhàn 武汉
3) Nánjīng 南京
4) Guìlín 桂林
5) Chéngdōu 成都
6) Chángchūn 长春
7) Wūlǔmùqí 乌鲁木齐
8) Shényáng 沈阳
9) Shíjiāzhuāng 石家庄
10) Zhèngzhōu 郑州
11) Héféi 合肥
12) Nánchāng 南昌
13) Chángshā 长沙
14) Hángzhōu 杭州
15) Tàiyuán 太原
16) Fúzhōu 福州
17) Guǎngzhōu 广州
18) Kūnmíng 昆明
19) Guìyáng 贵阳
20) Nánníng 南宁
21) Lánzhōu 兰州
22) Xīníng 西宁
23) Lāsà 拉萨 (Lhasa)
24) Yínchuān 银川
25) Shēnzhèn 深圳
26) Sūzhōu 苏州

Exercício 3: Utilize o CD para conferir sua pronúncia.

Exercício 4:
1) Yīngguó (Inglaterra)
2) Yángzhōu (uma cidade)
3) Mr. Wáng
4) Wǒ (Eu)
5) Yuènán (Vietnã)
6) yě (também)
7) xuéxí (estudar)
8) wèi (oi)
9) yī (um)
10) yuán (¥ 1.00)
11) yǒu (ter)
12) yīn-yáng (os princípios opostos da natureza)

Respostas

Exercício 5: 1) Yǒuyì Shāngdiàn (Loja da Amizade)
2) Hǎidiàn (um distrito de Pequim)
3) Gùgōng (Cidade Proibida)
4) Tiānānmén (Praça da Paz Celestial, Pequim)
5) Tiāntán (Templo do Céu)
6) Hóngqiáo Shìchǎng (Mercado de Pérolas, Pequim)
7) Xiùshuǐ Dōngjiē (Mercado da Seda, Pequim)
8) Yíhéyuán (Palácio de Verão)
9) Chángchéng (Grande Muralha)
10) Shísānlíng (Tumbas da Dinastia Ming)
11) dàshǐguǎn (embaixada)
12) Pānjiāyuán (Mercado de Antiguidades, Pequim)

Lição 6

Exercício 1: 1) shíyī 2) shígī
3) qīshíyī 4) sānshíliù
5) wǔshíjiǔ 6) jiǔshíjiǔ
7) sìshísì 8) yìbǎilíngyī
9) bābǎiyìshíèr 10) yìbǎi líng sān

Exercício 2: 1) 三加六是几? 9 Sān jiā liù shì jiǔ.
2) 十加十是几? 20 Shí jiā shí shì èrshí.
3) 七加七是几? 14 Qī jiā qī shì shísì.
4) 五十加五十是几? 100 Wǔ shí jiā wǔ shí shì yìbǎi.
5) 四十五加六十六是几? 111 Sì shí sì jiā liù shíliù shì yìbǎi yìshí yī.

Exercício 3: 1) 12 2) 64 3) 38 4) 57
5) 89 6) 96 7) 101 8) 224
9) 756 10) 984

Exercício 4: 6: liù 1: yī 7: qī 3: sān
8: bā 5: wǔ 9: jiǔ 10: shí

Exercício 5: 1) ♦♦♦♦ + ♦♦♦♦♦ = 9 sì jiā wǔ shì jiǔ 四加五是九

2) ♦♦♦♦♦♦♦ + ♦♦♦♦♦♦♦ = 14 qī jiā qī shì shí sì 七加七是十四

3) ♦♦♦♦ + ♦♦♦♦ = 8 sì jiā sì shì bā 四加四是八

4) ♦♦♦ + ♦♦♦♦♦♦♦♦ = 11 sān jiā bā shì shí yī 三加八是十一

5) ♦♦♦♦♦♦ + ♦♦♦♦♦♦♦ = 13 liù jiā qī shì shí sān 六加七是十三

6) ♦♦♦♦♦ + ♦♦♦♦♦♦ = 11 wǔ jiā liù shì shí yī 五加六是十一

7) ♦♦♦♦♦ + ♦♦ = 7 wǔ jiā 'èr shì qī 五加二是七

Lição 9

Exercício 1: 1) O que o estrangeiro quer fazer? <u>Trocar dinheiro.</u>

2) Que tipo de moeda e que quantidade de dinheiro ele deseja trocar no banco? <u>Ele quer trocar $ 200 em RMB.</u>

3) Que quantia ele recebeu? <u>1.660 RMB.</u>

4) Quanto vale um dólar em Rénmínbì? <u>$ 1.00 = 8,20 RMB.</u>

Exercício 2: 1) Qual item o americano quer? <u>Aquele.</u>

2) Quanto ele pagou à vendedora? <u>2,50 yuan.</u>

3) O que a vendedora diz depois que ele lhe dá o dinheiro? <u>Ok.</u>

Exercício 3:
1) liǎng kuài
2) liǎng fēn
3) liǎng yuán
4) liǎng qiān
5) liǎng máo
6) liǎng bǎi
7) liǎng jiǎo
8) liǎng Měiyuán

Respostas

Exercício 4: 37 sānshíqī 56 wǔshíliù
94 jiǔshísì 27 èrshíqī
19 shíjiǔ 65 liùshíwǔ
12 shí'èr 73 qīshísān
100 yìbǎi 109 yìbǎi líng jiǔ
123 yìbǎi èrshísān 176 yìbǎi qīshí liù

Lição 12

Exercício 1: 1) O que o estrangeiro pediu primeiro? <u>Pão cozido no vapor.</u>
2) O que mais o estrangeiro pediu? <u>Arroz.</u>
3) Quanto é o valor total? <u>3,00 yuan.</u>
4) Quanto o estrangeiro recebeu de troco? <u>2,00 yuan.</u>

Exercício 2: 1) Quantos pratos o estrangeiro pediu? <u>Dois.</u>
2) Qual o valor total da conta? <u>5,00 yuan.</u>

Exercício 4: 1) peixe <u>yú</u>   2) frango <u>jī</u>
3) macarrão <u>miàntiáo</u>   4) carne de boi <u>ròu</u>

Exercício 5: 1) Este prato é de carne de boi?
这是牛肉吗?
Zhè shì niúròu ma?
2) Eu não quero este prato. Eu quero aquele prato.
我不要这个菜。我要那个菜。
Wǒ bú yào zhè ge cài. Wǒ yào nà ge cài.
3) Eu gostaria de sopa de ovos.
我要鸡蛋汤。
Wǒ yào jīdàntāng.
4) Eu também quero quatro pães cozidos.
我还要四个馒头。
Wǒ hái yào sì mántou.
5) Eu não quero mais, obrigado.
不要了,谢谢。
Búyào le, xièxie.

Lição 15

Exercício 1:
1) O que o cliente pergunta primeiro ao garçom? <u>Quais pratos vocês têm?</u>
2) O que o cliente pergunta ao garçom em seguida? <u>Que tipos de pratos de carne vocês têm?</u>
3) O que o cliente pede, enfim, para comer? <u>Carne de carneiro.</u>

Exercício 2:
1) O que o garçom pergunta ao cliente? <u>O que você gostaria de beber?</u>
2) Qual bebida o garçom oferece? <u>Cerveja, coca-cola e chá.</u>
3) O que o cliente pede para beber? <u>Um bule de chá.</u>

Exercício 3: Respostas livres.

Exercício 4:
1) Quais pratos você gostaria de pedir?
你们有什么菜？
Nǐmen yǒu shéme cài?

2) Duas pessoas são vegetarianas. Vocês têm pratos vegetarianos?
我们都吃素。有素菜吗？
Wǒmen dōu chīsù. Yǒu sùcài ma?

3) Por favor, traga dois copos de cerveja, um de coca-cola e um de água. (来 lái)
请来两杯啤酒，一杯可乐，一杯水。
Qǐng lái liǎng bēi píjiǔ, yì bēi kělě, yì bēi shuǐ.

4) Nós gostaríamos de pedir três pratos: um de carne de boi frita com cebolinha, um de peixe e um de vegetais.
我们要三个菜：一个葱爆牛肉,一个鱼和一个素菜。
Wǒmen yào sān ge cài: yí ge cōngbào niúròu, yí ge yú hé yí ge sùcài.

5) Senhorita, a conta, por favor. Quanto ficou no total?
(一共 yígòng)
小姐，买单。一共多少钱？
Xiǎojie, mǎidān. Yígòng duōshao qián?

Respostas

Lição 18

Exercício 1:
1) rìběn 日本
2) rènào 热闹
3) réngrán 仍然
4) róngyì 容易
5) ránhòu 然后
6) ràngbù 让步
7) rénkǒu 人口
8) rènwéi 认为
9) tūrán 突然
10) chuanrǎn 传染
11) róngrěn 容忍
12) ruǎnruò 软弱
13) zìrán 自然
14) huāruǐ 花蕊
15) zérèn 责任

Exercício 2:
1) Qual é a tarifa para uma ligação para os Estados Unidos? <u>3,50 yuan por minuto.</u>
2) Qual a tarifa para uma ligação para o Japão? <u>2,00 yuan por minuto.</u>
3) Qual a forma mais econômica para fazer a chamada? <u>Usar um cartão telefônico.</u>

Exercício 3:
1) 银行 — yínháng
2) 服务员 — fúwùyuán
3) 宾馆 — bīnguǎn
4) 402 房间 — sìlíngèr fángjiān
5) 打电话 — dǎ diànhuà
6) 在不在 — zài bùzài
7) 回电话 — huí diànhuà
8) 告诉 — gàosu
9) 不客气 — bùkèqi
10) 您找谁 — nín zhǎo shéi

Exercício 4:
1) 我买一<u>张</u> IP <u>卡</u>。Wǒ mǎi yì <u>zhāng kǎ</u>.
2) 我换一<u>百</u><u>块</u>钱。Wǒ huàn yì<u>bǎi kuài</u> qián.
3) 你要什么菜？我要一<u>个</u>鸡，三<u>个</u>馒头。Nǐ yào shénme cài? Wǒ yào yí <u>gè</u> jī, sān <u>gè</u> mántou.

Exercício 5:
1) 一共<u>多少</u>钱？Yígòng <u>duōshao</u> qián?
2) 在<u>哪儿</u>买电话卡？Zài <u>nǎr</u> mǎi diànhuàkǎ?
3) 你们有<u>什么</u>菜？Nímen yǒu <u>shénme</u> cài?
4) 请问，马丽莎在<u>吗</u>？Qǐng wèn, Mǎ Lìshā zài <u>ma</u>?

Exercício 6: 1) Como eu faço uma chamada telefônica para o Brasil?
怎么给美国打电话？
Zěma gěi Měiguo dǎdiànhuà?

2) Qual número eu devo digitar primeiro?
我先拨什么号？
Wǒ xiān bōshénme hào?

3) Quanto custa a chamada para o Brasil por minuto?
给美国打电话多少钱一分钟？
Gěi Měiguo dǎdiànhuà duōshǎo qián yì fēnzhōng?

4) É muito caro. Onde eu posso comprar um cartão telefônico?
太贵了。在哪儿买电话卡？
Tài guìle. Zài nǎr mǎi diànhuàkǎ?

Lição 21

Exercício 1: 1) **měi**lì   2) fǎ**lǜ**
3) **kǎo**shì   4) mǎ**lù**
5) **lǚ**xíng   6) fù**jìn**
7) **nǔ**lì   8) mì**shū**
9) **Lǔ** Xùn   10) fèn**wài**
11) **lǎo**shī   12) **kǎo**yā
13) **hái**zi   14) bùjué **yú'ěr**
15) **shéng**zi

Exercício 2: 1) O número do quarto da estrangeira é 302.
Verdadeiro

2) O quarto do estrangeiro está em boas condições
Falso

3) O estrangeiro precisa de toalhas e roupa de cama limpa.
Falso

4) O atendente vai levar toalhas e trocar a roupa de cama.
Verdadeiro

Exercício 3: 1) toalhas <u>máojīn</u>   2) sabonete <u>féizào</u>
3) papel higiênico <u>wèishēngzhǐ</u>   4) cabide <u>yījià</u>

Respostas

Exercício 4:
1) Eu preciso de um rolo de papel higiênico e três cabides.
   我需要一卷 (juǎn - roll) 卫生纸和三个衣架。
   Wǒ xūyào yí juǎn wèishēngzhǐ hé sān ge yījià.
2) Minha lâmpada está quebrada.
   我的灯坏了。
   Wǒde dēng huàile.
3) Quem é? Por favor, venha de novo mais tarde.
   谁？请等一会儿再来。
   Shéi? Qǐng děng yí huìr zàii.
4) Por favor, limpe meu quarto agora. Você pode trocar minha roupa de cama?
   请现在打扫我的房间。能换床单吗？
   Qǐng xiànzài dǎsǎo wǒde fángjiān le. Néng huàn chuángdān ma?
5) Por favor, traga para mim uma barra de sabonete e duas toalhas. Eu estou hospedado no quarto 312. Obrigado.
   请给我送一块肥皂，两条毛巾来。我住312房间。谢谢。
   Qǐng gěi wǒ sòng yī kuài féizào, liǎng tiáo máojīn lái. Wǒ zhù sì wǔ fángjiān. Xièxie.

Lição 24

Exercício 1:
1) tàijí 太极
2) zhīshi 支使
3) zhīshi 知识
4) shízǐ 石子
5) sīzì 私自
6) jīqi 机器
7) shísì búshì sìshí 十四不是四十
8) shí zhǐ bù yī 十指不一
9) jījí nǔlì 积极努力
10) shí shì qiú shì 实事求是

Exercício 2: 1) O que o inglês quer? <u>Encontrar algum lugar.</u>
2) O que o inglês está procurando? <u>A biblioteca.</u>
3) Em qual lado da biblioteca fica o cinema? <u>Do lado direito.</u>

Exercício 3:

1) 商店旁边是书店。 (有) → 商店旁边有书店。
Shāngdiàn pángbian shì shūdiàn. (yǒu) Shāngdiàn pángbian yǒu shūdiàn.

2) 英文系在教学楼旁边。 (是) → 英文系旁边是教学楼。
Yīngwénxì zài jiàoxuélóu pángbian. (shì) Yīngwénxì pángbian shì jiàoxuélóu.

3) 银行旁边是邮局。 (在) → 邮局在银行旁边。
Yínháng pángbian shì yóujú. (zài) Yóujú zài yínháng pángbian.

4) 食堂在七号楼旁边。 (是) → 食堂旁边是七号楼。
Shítáng zài qīhàolóu pángbian. (shì) Shítáng pángbian shì qīhàolóu.

5) 马路对面是中国银行。 (有) → 马路对面有中国银行。
Mǎlù duìmiàn shì Zhōngguó Yínháng. (yǒu) Mǎ lù duìmiàn yǒu Zhōngguó Yínháng.

6) 书店后面有一个厕所。 (在) → 厕所在书店后面。
Shūdiàn hòumiàn yǒu yí ge cèsuǒ. (zài) Cèsuǒ zài shūdiàn hòumian.

Exercício 4: 1) Onde fica o banheiro?
厕所在哪儿？
Cèsuǒ zài nǎr?

2) Onde fica o Departamento de Língua Inglesa? É atrás do prédio das salas de aula.
英文系在哪儿？在教学楼后边。
Yīngwénxì zài nǎr? Zài jiàoxuélóu hòubian.

3) Como ir ao Banco da China? Siga reto e depois vire à esquerda.
我怎么走中国银行？一直走，再左转。
Wǒ zěnme zǒu Zhōnggó Yinháng? Yìzhí zǒu, zài zuǒ zhuǎn.

Respostas

4) Tem alguma *lan house* por perto? A lan house fica ao lado esquerdo do portão.
附近有网吧吗？网吧在大门左边。
Fùjìn yǒu wǎngbā ma? Wǎngbā zài dàmén zuǒbian.

5) É longe? Como faço para chegar lá?
远吗？我怎么走？
Yuǎn ma? Wǒ zěnme zuǒ.

6) Com licença, onde fica a livraria? Primeiro siga reto, passe o Banco da China e vire à esquerda.
请问，书店在哪儿？先一直走，经过中国银行，再左转。
Qǐng wen, shūdiàn zài nǎr? Xiān yìzhí zǒu, jīngguo Zhōngguó Yínháng, zài zuǒ zhuǎn.

7) O hospital fica do outro lado da rua em frente ao portão principal?
医院是在大门对面吗？
Yīyuàn shì dàmén duìmiàn ma?

8) A agência dos correios não é longe.
邮局不远。
Yóujú bú yuǎn.

Lição 27

Exercício 1:

1) 捐款	juānkuǎn	2) 句子	jùzi
3) 柱子	zhùzi	4) 完全	wánquán
5) 转变	zhuǎnbiàn	6) 猪圈	zhūjuàn
7) 请求	qǐngqiú	8) 顺利	shùnlì
9) 英雄	yīngxióng	10) 通讯	tōngxùn
11) 长江	Chángjiāng	12) 追究	zhuījiū
13) 水渠	shuǐqú	14) 权力	quánlì
15) 接触	jiēchù	16) 拒绝	jùjué
17) 出去	chūqu	18) 居住	jūzhù
19) 专制	zhuānzhì	20) 追求	zhuīqiú

Respostas

Exercício 2: 1) A que horas essa conversa aconteceu?   <u>8 horas da manhã.</u>

2) A que horas o banco abre?   <u>O banco abre às 9 horas da manhã.</u>

3) Por que o americano quer ir ao banco?   <u>Ele quer trocar dinheiro.</u>

4) Onde fica o banco?   <u>Fica ao lado da livraria.</u>

Exercício 3: 14h00   xiàwǔ liǎng diǎn   下午两点

16h10   xiàwǔ sì diǎn shí fēn   下午四点十分

18h15   xiàwǔ liù diǎn yīkè   下午六点一刻

9h45   shàngwǔ jiǔ diǎn sānkè   上午九点三刻

10h05   shàngwǔ shí diǎn líng wǔ   上午十点零五

11h00   shàngwǔ shíyī diǎn   上午十一点

8h30   zǎoshàng bā diǎn bàn   早上八点半

7h10   zǎoshàng qī diǎn shí fēn   早上七点十分

12h00   zhōngwǔ shí 'èr diǎn   中午十二点

15h50   xià wǔ chà shí fēn sì diǎn   下午差十分四点

17h55   xiàwǔ chà wǔ fēn liù diǎn   下午差五分六点

13h00   xià wǔ yì diǎn   下午一点

Exercício 4: 1) 你早上<u>几点</u>起床？
Nǐ zǎoshang jǐdiǎn qǐchuáng?

2) 下课以后你做<u>什么</u>？
Xiàkè yǐhòu nǐ zuò shénme?

3) 你跟<u>谁</u>一起去商店？
Nǐ gēn shuí yìqǐ qù shāngdiàn?

4) 晚上我去找你，<u>好吗</u>？
Wǎnshang wǒ qù zhǎo nǐ, hǎo ma?

5) 电话卡<u>多少钱</u>一张？
Diànhuàkǎ duōshao qián yì zhāng?

6) 厕所在<u>哪儿</u>？   Cèsuǒ zài nǎr?

7) 你下午上班<u>吗</u>？   Nǐ xiàwǔ shàngbān ma?

Exercício 5: 1) Que horas são agora? Faltam cinco (minutos) para as dez (horas).
现在几点？现在差五分十点。
Xiànzài jǐ diǎn? Xiànzài chà wǔ fēn shí diǎn.

Respostas

2) Vamos jantar juntos à noite?
晚上我们一起去吃饭，好吗？
Wǎnshang wǒmen yìqǐ qù chīfàn, hǎo ma?

3) O que você está fazendo hoje? Depois de dar aula de inglês, eu vou à *lan house*.
你今天做什么？下英文课以后我去网吧。
Nǐ jīntian zuò shénme? Xià Yīngwén kè yǐhòu wǒ qù wǎngbā.

4) Faltam quinze minutos para as quatro horas. Eu vou descansar.
现在差一刻四点。我休息一会儿。
Xiànzài chà yí kè sì diǎn. Wǒ xiūxi yí huìr.

5) Quando você dorme geralmente? Eu geralmente durmo às 11 horas da noite.
你每天几点睡觉？我常常晚上十一点睡觉。
Nǐ jǐ diǎn shuìjiào? Wǒ chángcháng wǎnshang shíyī diǎn shuìjiào.

6) Às vezes eu tomo banho de manhã e às vezes à tarde.
我有时候早上洗澡，有时候晚上洗澡。
Wǒ yǒushíhou zǎoshang xǐzǎo, yǒushíhou wǎnshang xǐzǎo.

7) Eu vou para a aula de manhã e para o trabalho de tarde.
我上午上中文课，下午上班。
Wǒ shàngwǔ shàngkè, xiàwǔ shàngbān.

8) Eu saio do trabalho às 5 horas da tarde.
我下午五点下班。
Wǒ xiàwǔ wǔ diǎn xiàbān.

Lição 30

Exercício 1: 1) Que dia é hoje? <u>Quinta-feira.</u>
2) Qual aula o personagem "A" tem hoje e a que horas? <u>Ele tem aula de chinês às 2 horas da tarde de hoje.</u>
3) Ele tem algum problema em relação à aula? <u>Ele se esqueceu de fazer a tarefa de casa.</u>
4) Quando a conversa aconteceu? <u>Às 9h30 da manhã.</u>

Exercício 2: Segunda-feira   xīngqīyī 星期一
　　　　　　Sábado   xīngqīliù 星期六
　　　　　　Terça-feira   xīngqī'èr 星期二
　　　　　　Sexta-feira   xīngqīwǔ 星期五
　　　　　　Quarta-feira   xīngqīsān 星期三
　　　　　　Domingo   xīngqīrì / xīngqītiān 星期日 / 星期天
　　　　　　Quinta-feira   xīngqīsì 星期四

Exercício 3: Janeiro   yíyuè 一月
　　　　　　Novembro   shíyīyuè 十一月
　　　　　　Julho   qīyuè 七月
　　　　　　Outubro   shíyuè 十月
　　　　　　Fevereiro   èryuè 二月
　　　　　　Dezembro   shí'èryuè 十二月
　　　　　　Junho   liùyuè 六月
　　　　　　Março   sānyuè 三月
　　　　　　Maio   wǔyuè 五月
　　　　　　Agosto   bāyuè 八月
　　　　　　Abril   sìyuè 四月
　　　　　　Setembro   jiǔyuè 九月

Exercício 4: Canadá: qīyuè yí hào 七月一号
　　　　　　Estados Unidos   qīyuè sì hào 七月四号
　　　　　　República Popular da China: shíyuè yí hào 十月一号
　　　　　　Taiwan: shíyuè shí hào 十月十号

Exercício 5: 1) segunda-feira de manhã   xīngqīyī shàngwǔ 星期一上午
　　　　　　2) terça-feira às 3h30 da tarde   xīngqīsì xiàwǔ sān diǎn bàn 星期四下午三点半
　　　　　　3) 4 de julho de 1776   yī qī qī liù nián qīyuè sì hào 一七七六年七月四号
　　　　　　4) 1º de maio de 2001   èr líng líng yī nián wǔyuè yí hào 二零零年五月一号
　　　　　　5) 1º de outubro de 1949   yī jiǔ sì jiǔ nián shíyuè yí hào 一九四九年十月一号
　　　　　　6) domingo à tarde   xīngqīrì xiàwǔ 星期日下午

Respostas

Exercício 6: 1) 一年有十二个月。
yì nián yǒu shí'èr ge yuè.
2)) 一月有三十一天。
yí yuè yǒu sānshíyī tiān.
3) 一个星期有七天。
yí ge xīngqī yǒu qī tiān.
4) 下个星期三是三月十六号。
xià ge xīngqīsān shì sān yuè shíliù hào.
5) 今年我是二十岁。
jīnnián wǒ shì èrshí suì.
6) 下个月我去中国。
xià ge yuè wǒ qù Zhōngguó.
7) 我每天有三节课。
Wǒ měi tiān yǒu sān jié kè.

Exercício 7: 1) Amanhã é sexta-feira. Eu tenho aula de chinês à tarde.
明天是星期五。我下午有中文课。
Míngtiān shì xīngqīwǔ. Wǒ xiàwǔ yǒu Zhóngwén kè.
2) Você dá aula de inglês na terça e na quarta-feira?
你星期二，星期三教英语吗？
Nǐ xīngqī'èr, xīngqīsān jiāo Yīngyǔ ma?
3) Dia 15 de dezembro é meu aniversário. Eu quero comemorar meu aniversário na China.
十二月十五号是我的生日。我想在中国过生日。Shíèr yuè shí wǔ hào shì wǒde shēngrì. Wǒ xiǎng zài Zhōngguò.
4) Eu lavo roupas todo sábado e assisto televisão no domingo.
我每个星期六都洗衣服，星期日看电视。
Wǒ měi ge xīngqīliù dòu xǐ yīfu, xīngqīrì kàn diànshì.
5) Eu vou ao Banco da China trocar dinheiro na segunda-feira.
星期一我去中国银行换钱。
Xīngqīyī wǒ qù Zhōngguó Yínháng huàn qián.

Vocabulário

Ideogramas　*Pīnyīn*　　　　*Português*

B

八	bā	oito
吧	bā	bar
吧	ba	interjeição (usada para imperativos suaves, sugestões, induzir uma concordância ou um grau de certeza, expressar relutância ou hesitação)
白	bái	branco
百	bǎi	centena
班	bān	classe
半	bàn	metade, meio
拌	bàn	mexer, misturar (comida)
办	bàn	fazer, gerenciar, administrar, lidar com
镑	bàng	libra esterlina (moeda)
办公室	bàngōngshì	escritório
爆	bào	fritar, explodir, estourar
八月	bāyuè	agosto
巴西	Bāxī	Brasil
巴西人	Bāxī rén	brasileiro
杯	bēi	copo, taça
北	běi	norte
北京	Běijīng	Pequim
杯子	bēizi	copo
币	bì	moeda corrente

Ideogramas	Pīnyīn	Português
边	biān	lado
表	biǎo	tabela, formulário, gráfico
别	bié	diferença, distinção, não fazer
宾	bīn	convidado, visitante
宾馆	bīnguǎn	hotel, pensão
冰	bīng	gelo, congelar
饼	bǐng	biscoito, bolinho com forma redonda e achatada
拨	bō	discar (um número telefônico)
不	bù	não
步	bù	passo, ir a pé, andar
不对	búduì	errado, incorreto
不客气	búkèqi	de nada
不是	búshì	não ser
不谢	búxie	de nada/não há de quê

C

菜	cài	prato, legume
菜单	càidān	cardápio
餐	cān	refeição, comer
操	cāo	operar, exercitar, praticar
厕	cè	vaso sanitário, banheiro
厕所	cèsuǒ	toalete, banheiro
茶	chá	chá
差	chà	falta, diferente de
常常	chángcháng	geralmente

Vocabulário

Ideogramas	Pīnyīn	Português
炒	chǎo	refogar, fritar
炒鸡蛋	chǎojīdàn	ovos mexidos
炒鸡丁	chǎojīdīng	cubos de frango refogado
叉子	chāzi	garfo
吃	chī	comer
吃饭	chīfàn	comer, fazer uma refeição
吃素	chīsù	ser vegetariano, comer apenas vegetais
出	chū	sair
初	chū	começo, elementar, básico
出生	chūshēng	nascer
床	chuáng	cama
床单	chuángdān	roupa de cama
春	chūn	primavera
此	cǐ	este, esta, isto
葱	cōng	cebolinha
葱爆	cōngbào	cebolinha frita
醋	cù	vinagre

D

打	dǎ	fazer (uma ligação), bater, jogar (bola)
打电话	dǎdiànhuà	fazer uma chamada telefônica
打扫	dǎsǎo	limpar, varrer
大	dà	grande
大门	dàmén	portão principal

Ideogramas	Pīnyīn	Português
大学	dàxué	universidade, faculdade
单	dān	único, conta (no restaurante), lista
蛋	dàn	ovo
道	dào	estrada, caminho
的	de	(partícula funcional)
灯	dēng	lâmpada
等	děng	aguardar, esperar
地	dì	localidade, campo, Terra
第	dì	(indica um número ordinal)
地区	dìqū	área, região
点	diǎn	horas, ponto (decimal, temporal ou espacial), pedir (um prato de comida em um restaurante), apontar
店	diàn	loja
电	diàn	eletricidade, elétrico
电话	diànhuà	telefone
电话卡	diànhuàkǎ	cartão telefônico
电视	diànshì	televisão
电影	diànyǐng	filme
丁	dīng	pequenos cubos (de carne ou legumes)
东	dōng	leste
都	dōu	todos, ambos (advérbio)
豆	dòu	grão (soja, feijão, ervilha)
对	duì	certo, correto

Vocabulário

Ideogramas	Pīnyīn	Português
兑	duì	trocar, converter (moeda)
兑换单	duìhuàndān	formulário de câmbio monetário
对面	duìmiàn	do lado oposto, do outro lado da rua
多大	duōda	Quantos anos?
多少	duōshao	Quantos?, Quanto custa?

E

二	èr	dois

F

法学院	fǎxuéyuàn	Faculdade de Direito
翻译	fānyì	traduzir, interpretar, tradutor, intérprete
饭	fàn	comida
饭馆(儿)	fànguǎnr	restaurante
房	fáng	quarto, casa
房间	fángjiān	quarto
肥皂	féizào	sabão, sabonete
分	fēn	¥ 0.01, centavo
分钟	fēnzhōng	minuto
腐	fǔ	tofu (abreviação), decair, decadência, podre, estragado
附近	fùjìn	próximo, perto

Ideogramas	Pīnyīn	Português
G		
港	gǎng	porto, Hong Kong (abreviação de 香港 Xiānggǎng)
港币	Gǎngbì	Dólar de Hong Kong (HK$)
告诉	gàosu	falar, contar, informar
个	ge/gè	Classificador geral usado para pessoas ou coisas
给	gěi	dar, para (preposição)
跟	gēn	com
工	gōng	trabalho, trabalhador, habilidade
公	gōng	público, estatal
宫保	gōngbǎo	um tipo de prato de carne (de frango, de boi) cortada em cubos com pimenta e amendoim
公司	gōngsī	empresa, corporação, firma
工作	gōngzuò	trabalhar, trabalho
瓜	guā	vegetais da família do melão, da abóbora
馆	guǎn	edifício, loja, embaixada, consulado
贵	guì	caro, valioso, honrado
贵姓	guì xìng	Qual é (seu) caro sobrenome?
国	guó	país
过	guò	atravessar, passar por, cruzar, ir adiante, celebrar, passar (o tempo)
过生日	guò shēngri	comemorar aniversário

Vocabulário

Ideogramas	Pīnyīn	Português
H		
还	hái	ainda, também, além disso
寒	hán	frio
汉	hàn	chinês (língua), Dinastia Han (206 a.C.-220 d.C.), nacionalidade han
汉语	Hànyǔ	língua chinesa
好	hǎo	bom, bem, ok
好吧	hǎo ba	ok, está bem
好吗	hǎo ma	Está bem? Ok?
号	hào	número, código, tamanho
行	háng/xíng	linha, profissão (háng), andar, ok (xíng)
喝	hē	beber
和	hé	e
很	hěn	muito
红	hóng	vermelho, símbolo de sorte
后	hòu	atrás, direção traseira, depois, posterior
后边	hòubian	atrás, lado traseiro
后天	hòutiān	depois de amanhã
护	hù	proteger
护照	hùzhào	passaporte
花	huā	flor, gastar
话	huà	palavra, falar
坏	huài	mau, ruim, quebrado, estragado

Ideogramas	Pīnyīn	Português
坏了	huài le	ficar fora de serviço, quebrar ou estragar
换	huàn	trocar
黄	huáng	amarelo
回	huí	retornar, voltar
婚	hūn	casamento, casar

J

Ideogramas	Pīnyīn	Português
机	jī	máquina
鸡	jī	frango, galo, galinha
几	jǐ	quantos (pronome interrogativo usado para pouca quantidade)
加	jiā	adicionar, somar
家	jiā	casa, família
假	jiǎ/jià	falso (jiǎ), férias, feriado (jià)
间	jiān	quarto, cômodo, entre
见	jiàn	ver; encontrar
酱	jiàng	molho, pasta, geleia, molho de soja, cozido no molho de soja
教	jiāo/jiào	dar aula, ensinar
椒	jiāo	pimenta
角	jiǎo	¥ 0.10, canto, ângulo, chifre
饺	jiǎo	bolinhos em formato de meia-lua cozidos na água ou no vapor (guioza)
叫	jiào	chamar-se, chamar
教学楼	jiàoxuélóu	prédio das salas de aula

Vocabulário

Ideogramas	Pīnyīn	Português
鸡蛋	jīdàn	ovo de galinha
鸡蛋汤	jīdàntāng	sopa de ovos
鸡丁	jīdīng	cubos de frango
几点	jǐdiǎn	Que horas são?
几号	jǐhào	Qual data?/Qual número?
街	jiē	rua
节	jié	seção, segmento, período (de uma aula), festival, feriado
今	jīn	o presente, hoje
今年	jīnnián	este ano, presente ano
今天	jīntiān	hoje
进	jìn	entrar
禁	jìn	proibir, proibição
京	jīng	capital
经过	jīngguò	passar por
境	jìng	fronteira, território, condição
九	jiǔ	nove
酒	jiǔ	bebida alcoólica
桔	jú	tangerina
局	jú	escritório, agência, secretaria

K

咖啡	kāfēi	café
卡	kǎ	cartão
开	kāi	abrir, ligar, operar

Ideogramas	Pīnyīn	Português
看	kàn/kān	ver, assistir, ler, cuidar de
可	kě	co(la) (primeiro ideograma de 可乐 kělè, abreviação de Coca-Cola), mas, poder
可乐	kělè	Coca-Cola (abreviação de 可口可乐 Kěkǒu Kělè)
可能	kěnéng	poder, possível
可以	kěyǐ	poder (ser possível, ser permitido)
课	kè	aula, classe, curso
刻	kè	um quarto de hora, 15 minutos
块	kuài	¥ 1.00 (forma coloquial de 元 yuán, unidade monetária, como o real)
筷子	kuàizi	palitinhos, talheres usados para comer comida chinesa ou japonesa (*hashi*)

L

辣	là	apimentado
来	lái	trazer, vir, chegar
了	le	partícula que indica uma mudança na situação ou uma ação que foi completada.
乐	lè	(co)la (segundo ideograma de 可乐 kělè, (abreviação de Coca-Cola); feliz
冷	lěng	frio, gelado
冷饮	lěngyǐn	bebida gelada

Vocabulário

Ideogramas	Pīnyīn	Português
里	lǐ	dentro, unidade de medida tradicional da China
凉	liáng	gelado, fresco
两	liǎng	dois
料	liào	material, ingrediente
零	líng	zero
龄	líng	idade, duração de tempo
留学生	liúxuéshēng	estudante estrangeiro
六	liù	seis
楼	lóu	prédio de vários andares, andar (substantivo)
路	lù	estrada
绿	lǜ	verde

M

吗	ma	partícula interrogativa
马	mǎ	cavalo
买	mǎi	comprar
卖	mài	vender
买单	mǎidān	conta (de restaurante ou bar)
马路	mǎlù	rua, via
馒头	mántou	pão cozido no vapor
毛	máo	¥ 0.10 (forma coloquial de 角 jiǎo, dez centavos), um sobrenome
毛巾	máojīn	toalha

Ideogramas	Pīnyīn	Português
没	méi	não (negativa para frases no passado), não ter (versão abreviada de 没有 méiyǒu)
没有	méiyǒu	não ter
每	měi	todo, cada
每个	měige	todo, cada
每个星期	měi ge xīngqī	toda semana, semanalmente
每天	měi tiān	todo dia, diariamente
美	měi	bonito, belo
美国	Měiguó	Estados Unidos
美国人	Měiguórén	americano (pessoa)
美元	Měiyuán	dólar (moeda dos Estados Unidos)
门	mén	porta, portão
米	mǐ	arroz cru, metro (unidade de medida)
面	miàn	macarrão, farinha
面条	miàntiáo	macarrão
米饭	mǐfàn	arroz cozido
民	mín	povo, cidadão
明	míng	amanhã, próximo, seguinte (no tempo), brilhante
名	míng	nome, fama
明年	míngnián	próximo ano
明天	míngtiān	amanhã
末	mò	fim, último, em pó

Vocabulário

Ideogramas	Pīnyīn	Português
N		
哪	nǎ	Qual?
哪个	nǎge	Qual?
哪年	nǎnián	Qual ano?
哪儿	nǎr	Onde? (pronúncia comum no dialeto de Pequim)
那	nà/nèi	aquele, aquela, aquilo
那个	nà ge/nèi ge	aquele, aquela, aquilo
那儿	nàr	ali, lá
奶	nǎi	leite, mama (substantivo), alimentar com leite materno
男	nán	homem, masculino
南	nán	sul
呢	ne	partícula interrogativa (usada no final de uma frase interrogativa para omitir o conteúdo já expressado anteriormente. Exemplo: E você? 你呢?)
内	nèi	dentro, interior
能	néng	poder, ser capaz de
你	nǐ	você
你的	nǐ de	seu(s), sua(s)
你好	nǐ hǎo	Oi!/Olá!
你们	nǐmen	vocês
年	nián	ano
您	nín	você (forma respeitosa)
您的	nínde	seu(s), sua(s) (formal)

Ideogramas	Pīnyīn	Português
牛	niú	boi, vaca
牛肉	niúròu	carne bovina
女	nǔ	mulher, feminino

O

欧	ōu	Europa, sobrenome

P

盘子	pánzi	prato
旁	páng	lado
旁边	pángbian	ao lado
朋友	péngyou	amigo(a)
啤	pí	cerveja (versão abreviada de 啤酒 píjiǔ)
啤酒	píjiǔ	cerveja
片	piàn	fatia, pedaço pequeno
瓶	píng	garrafa
葡萄牙语	Pútáoyá yǔ	língua portuguesa

Q

七	qī	sete
期	qī	período, esperar (ter esperança)
起床	qǐchuáng	acordar, levantar (da cama)
汽车站	qìchēzhàn	ponto de ônibus
千	qiān	mil

Vocabulário

Ideogramas	Pīnyīn	Português
签	qiān	assinar (nome), rótulo
签字	qiānzì	assinar (nome)
钱	qián	dinheiro
前	qián	frente
前边	qiánbian	em frente, adiante
前天	qiántiān	anteontem
青	qīng	verde ou azul (cor da natureza), preto esverdeado
请	qǐng	por favor, convidar
请问	qǐngwèn	com licença, por favor (utilizado antes de fazer uma pergunta, pedir uma informação)
去	qù	ir; se colocado depois de outro verbo, indica uma ação direcionada para longe de quem fala
去年	qùnián	ano passado

R

人	rén	pessoa, humano, gente
人民	rénmín	povo
人民币	Rénmínbì	Moeda do Povo (nome da moeda chinesa, RMB, ¥)
肉	ròu	carne (quando combinada com outra palavra de um tipo de animal, significa um tipo específico de carne. Quando usada sozinha, significa "carne de porco")
入	rù	entrar, adentrar, tornar-se membro de

Ideogramas	Pīnyīn	Português
S		
三	sān	três
三刻	sānkè	três quartos de hora, 45 minutos
商	shāng	negócio, um sobrenome
商店	shāngdiàn	loja
上	shàng	subir, acima, anterior, primeiro, superior a, embarcar, ocupar-se em atividades de trabalho ou estudo em um horário fixo
上班	shàngbān	ir ao trabalho
上个	shàng ge	anterior, primeira parte de
上个星期	shàng ge xīngqī	semana passada
上个月	shàng ge yuè	mês passado
上课	shàngkè	começar a aula, dar/ter aula
上午	shàngwǔ	de manhã (antes do meio-dia)
商学院	shāngxuéyuàn	Faculdade de Negócios
烧	shāo	assar, queimar, esquentar
勺子	sháozi	colher
谁	shéi/shuí	Quem?
生	shēng	dar a luz a, nascer, crescer, vida, cru
生日	shēngrì	aniversário
什么	shénme	O que?/Qual?

Vocabulário

Ideogramas	Pīnyīn	Português
十	shí	dez
时	shí	tempo, hora, tempo presente
是	shì	verbo ser, sim, correto, certo
室	shì	sala, escritório
市	shì	cidade, mercado
是不是	shì búshì	É ou não é?
收	shōu	receber, aceitar
手	shǒu	mão
书	shū	livro, documento, escrita
数	shǔ	contar
暑	shǔ	calor, clima quente, verão
数	shù	número
双	shuāng	duplo, par
书店	shūdiàn	livraria
谁	shuí/shéi	Quem?
水	shuǐ	água
睡觉	shuìjiào	dormir
睡午觉	shuì wǔjiào	cochilar depois do almoço
丝	sī	seda filiforme (em formato de linhas ou fios)
四	sì	quatro
四月	sìyuè	abril
送	sòng	levar, enviar
素	sù	vegetal, plano, simples
酸	suān	azedo
酸辣汤	suānlàtāng	sopa *suān là*

Ideogramas	Pīnyīn	Português
素菜	sùcài	prato de vegetais
岁	suì	idade
所	suǒ	lugar, classificador para edifício
宿舍	sùshè	dormitório

T

她	tā	ela
他	tā	ele
它	tā	ele (neutro, usado para animais e objetos)
台	tái	suporte, abreviação para 台湾 Taiwan
太	tài	muito, excessivamente, extremamente
汤	tāng	sopa
糖	táng	açúcar, bala, doce (substantivo)
糖醋	tángcù	agridoce
天	tiān	dia
条	tiáo	tira (substantivo), classificador para coisas ou objetos com forma longa e estreita,
通	tōng	levar a, ir a, aberto (não bloqueado)
头	tóu	cabeça
图	tú	fotografia, desenho, mapa
图书馆	túshūguǎn	biblioteca

Vocabulário

Ideogramas	Pīnyīn	Português
W		
外	wài	externo, de fora, estrangeiro
外币	wàibì	moeda estrangeira
外国	wàiguó	país estrangeiro
外国人	wàiguórén	estrangeiro
外教	wàijiào	professor estrangeiro (abreviação de 外国教师 wàiguó jiàoshī)
外事处	wàishìchù	Departamento de Relações Exteriores
丸	wán	bolinha, pastilha, pílula
碗	wǎn	tigela
晚	wǎn	noite, tarde
晚饭	wǎnfàn	jantar (substantivo)
万	wàn	dez mil
网	wǎng	rede, internet
网吧	wǎngbā	*lan house*
往	wǎng/wàng	(ir) em direção a
晚上	wǎnshang	noite
喂	wèi	alô (usado para atender o telefone ou para chamar a atenção de alguém)
位	wèi	lugar, posição
卫生纸	wèishēngzhǐ	papel higiênico
文	wén	literatura, escrita
问	wèn	perguntar
我	wǒ	eu

Ideogramas	Pīnyīn	Português
我的	wǒde	meu(s), minha(s)
我们	wǒmen	nós
五	wǔ	cinco
午	wǔ	meio-dia
勿	wù	não (geralmente usado em sinalizações)
午饭	wǔfàn	almoço

X

Ideogramas	Pīnyīn	Português
西	xī	oeste
息	xī	descansar (forma abreviada de falar 休息 xiūxi)
习	xí	praticar, acostumar-se, hábito
洗	xǐ	lavar
系	xì	departamento (em uma universidade)
虾	xiā	camarão
下	xià	descer, abaixo, próximo, seguinte, sair
下班	xiàbān	sair do trabalho
下个	xià ge	próximo, seguinte, segundo, posterior
下个星期	xià ge xīngqī	próxima semana
下个月	xià ge yuè	próximo mês
下课	xiàkè	terminar a aula, fim da aula
先	xiān	primeiro, antes

Vocabulário

Ideogramas	Pīnyīn	Português
现	xiàn	agora, presente
现在	xiànzài	agora, no presente (palavra que expressa tempo quando colocada antes do verbo em uma frase)
香	xiāng	perfumado, apetitoso
想	xiǎng	querer, pensar
小	xiǎo	pequeno, jovem
校	xiào	escola (versão abreviada de 学校 xuéxiào)
小姐	xiǎojie	senhorita (usado para se referir a mulheres que trabalham em bancos, restaurantes, lojas, hotéis etc. Atualmente não é muito usado porque em algumas situações pode ter conotação pejorativa)
下午	xiàwǔ	tarde (depois do meio-dia)
些	xiē	alguns, um pouco
谢谢	xièxie	obrigado(a)
新	xīn	novo, fresco
星	xīng	estrela, corpo celeste, planeta
行	xíng/háng	linha, profissão (行), andar, ok (háng)
姓	xìng	sobrenome
性	xìng	sexo, gênero, natureza, característica
星期	xīngqī	semana
星期二	xīngqī'èr	terça-feira
星期几	xīngqījǐ	Qual dia da semana?

Ideogramas	Pīnyīn	Português
星期六	xīngqīliù	sábado
星期日	xīngqīrì	domingo
星期三	xīngqīsān	quarta-feira
星期四	xīngqīsì	quinta-feira
星期天	xīngqītiān	domingo
星期五	xīngqīwǔ	sexta-feira
星期一	xīngqīyī	segunda-feira
修	xiū	consertar
休	xiū	descansar, cessar
休息	xiūxi	descansar
洗衣服	xǐ yīfu	lavar roupa
洗澡	xǐzǎo	tomar banho
需要	xūyào	precisar, necessitar
学	xué	estudar, aprender, escola, conhecimento

Y

鸭	yā	pato
要	yào	querer, precisar
也	yě	também
业	yè	profissão, propriedade
一	yī	um
以	yǐ	por, por meio de (preposição), de acordo com, usar
亿	yì	cem milhões
一百	yìbǎi	cem

Vocabulário

Ideogramas	Pīnyīn	Português
(一)点儿	(yì)diǎnr	um pouco
衣服	yīfu	roupa, vestimenta
一共	yígòng	no total, ao todo
以后	yǐhòu	depois de, mais tarde, posteriormente
一会儿	yí huìr	(em) um momento/instante, daqui a pouco, brevemente, em breve
衣架	yījià	cabide
一刻	yí kè	um quarto de hora, quinze minutos
姻	yīn	casamento, relativo ao matrimônio
银	yín	prata, relativo à dinheiro
饮	yǐn	bebida, beber
英	yīng	Inglaterra (abreviação de 英国 Yīngguó)
营	yíng	operar, gerir, buscar
英国人	Yīngguórén	inglês (nacionalidade)
英文	Yīngwén	língua inglesa
英文系	yīngwénxì	Departamento de Língua Inglesa
英语	Yīngyǔ	língua inglesa
银行	yínháng	banco
饮料	yǐnliào	bebidas
一起	yìqǐ	junto
以前	yǐqián	antes de
医院	yīyuàn	hospital

Ideogramas	Pīnyīn	Português
一直	yìzhí	ir reto, direto
用	yòng	usar, utilizar
由	yóu	causa, razão, através de
油	yóu	óleo
邮	yóu	carta, enviar carta
有	yǒu	ter
右	yòu	direita
右边	yòubian	lado direito
邮局	yóujú	agência dos correios
有时候	yǒushíhòu	às vezes, de vez em quando
鱼	yú	peixe
语	yǔ	língua, linguagem, idioma, palavras
元	yuán	¥ 1.00 (unidade monetária como o real), dólar
圆	yuán	¥ 1.00 (forma escrita antiga de 元 yuán, unidade monetária, como o real)
园	yuán	jardim
远	yuǎn	longe, distante
月	yuè	mês

Z

在	zài	em (preposição), ficar em, estar em
再	zài	de novo, novamente
再来	zài lái	vir novamente, de novo

Vocabulário

Ideogramas	Pīnyīn	Português
早	zǎo	manhã, cedo
早饭	zǎofàn	café da manhã
早上	zǎoshang	(de) manhã
怎么	zěnme	Como?
炸	zhá	fritar em óleo
找	zhǎo	procurar, dar troco
照	zhào	fotografar, licença
这	zhè/zhèi	este, esta, isto
这边	zhèbian	este lado
这个	zhè ge/zhèi ge	este, esta, isto
这个星期	zhè ge xīngqī	esta semana
这个月	zhè ge yuè	este mês
蒸	zhēng	no vapor
正	zhēng/zhèng	primeiro mês (no calendário lunar), vertical, reto, principal
证	zhèng	certificado, diploma, prova, provar
这儿	zhèr	aqui
这些	zhèxiē	estes(as)
汁	zhī	suco
直	zhí	reto, vertical, franco
职	zhí	trabalho, posição
止	zhǐ	proibir, parar
址	zhǐ	local, lugar

Ideogramas	Pīnyīn	Português
只有	zhǐyǒu	só ter, apenas, apenas se
中	zhōng	meio, China (abreviação de 中国 Zhōngguó)
钟	zhōng	hora, sino
中国	Zhōngguó	China
中国 银行	Zhōngguó Yínháng	Banco da China
中间	zhōngjiān	no meio, centro, entre
钟头	zhōngtóu	hora (duração de tempo)
中文	Zhōngwén	língua chinesa
中文系	zhōngwénxì	Departamento de Língua Chinesa
中午	zhōngwǔ	meio-dia
周	zhōu	semana, ciclo
周末	zhōumò	final de semana
猪	zhū	porco
住	zhù	morar
转	zhuǎn/zhuàn	virar a
猪肉	zhūròu	carne de porco
子	zǐ	filho, pequeno, semente
自	zì	si próprio, de (desde)
走	zǒu	andar, caminhar, ir
昨	zuó	ontem, passado
昨天	zuótiān	ontem
左	zuǒ	esquerda
左边	zuǒbian	lado esquerdo

Vocabulário

Ideogramas	*Pīnyīn*	*Português*
坐	zuò	sentar
做	zuò	fazer
作	zuò	fazer, fingir ser, escrever, compor

1ª edição julho de 2016 | **Fonte** Minion Pro
Papel Offset 90 g/m² | **Impressão e acabamento** Cromosete